AF620079

EXPOSÉ DES TITRES

et

TRAVAUX SCIENTIFIQUES

du

Docteur E. GELLÉ

LILLE
IMPRIMERIE LE BIGOT FRÈRES
25, Rue Nicolas-Leblanc, 25

—

1910

TITRES

EXTERNE DES HOPITAUX DE LILLE
(Concours de 1899)

INTERNE DES HOPITAUX
(Concours de 1901)

DOCTEUR EN MÉDECINE 1905

EX-CHEF DE CLINIQUE MÉDICALE, SUPPLÉANT A LA FACULTÉ DE LILLE
(du 1er novembre 1906 au 1er avril 1907)

MÉDECIN A L'HOPITAL SAINT-SAUVEUR
(Concours de juillet 1909)
Service municipal des Maladies vénériennes

PRÉPARATEUR DES TRAVAUX PRATIQUES D'ANATOMIE PATHOLOGIQUE
CHARGÉ DES FONCTIONS DE CHEF DES TRAVAUX
(depuis le 1er novembre 1900).

ADMISSIBLE AU CONCOURS D'AGRÉGATION DE 1906-1907(Section de médecine)
LAURÉAT DE LA FACULTÉ DE LILLE 1901
(Prix des amis de l'Université)

LAURÉAT DE LA FACULTÉ DE LILLE 1903
(Prix PHILIPPART)

LAURÉAT DE LA FACULTÉ DE LILLE 1904
(Subvention PHILIPPART)

MÉDAILLE D'OR DE LA FACULTÉ DE MÉDECINE DE LILLE
(1er prix de thèse_1905)

Médaille de Bronze du Comité de Vaccine du Dép[t] du Nord 1902

Lauréat de l'Association des Internes et Anciens Internes
(Section de médecine 1903)

Mention honorable de la Société Centrale de Médecine du Nord
(Concours 1902)

Lauréat de la Société Centrale de Médecine du Nord
(1re médaille 1903)

Médaille d'Or de la Société des sciences de Lille
(Prix du département du Nord, Concours 1909)

Membre de la Société Centrale de Médecine du Nord

Membre de l'Association des Anatomistes de France

Membre correspondant de la Société Anatomique de Paris

ENSEIGNEMENT

Conférences de clinique médicale en qualité de Chef de Clinique suppléant, de novembre 1906 à avril 1907

Service de M. le Professeur COMBEMALE

Conférences polycliniques de Vénéréologie en notre Service de Saint-Sauveur depuis le mois d'août 1909 jusqu'à ce jour.

Conférences d'anatomie pathologique à la Faculté dans les fonctions de chef des travaux années 1900-01-02-03-04-05-06-07-08-09-10.

(Elèves de 3e et 4e années de médecine) (semestre d'hiver)

Sujets traités : Anatomie Pathologique spéciale de l'appareil digestif : Bouche, Estomac, Intestin, Foie, Pancréas.

Appareil pulmonaire,

Appareil Circulatoire : Cœur, Vaisseaux.

Organes génito-urinaires.

Anatomie pathologique des Reins.

La Tuberculose. La Syphilis.

Anatomie Pathologique et Pathologie générale des Tumeurs : Tumeurs épithéliales et Tumeurs Conjonctives.

TRAVAUX SCIENTIFIQUES

AVANT-PROPOS

Dans l'exposé des travaux qui vont suivre et où l'on trouvera rangés autant que possible, chaque catégoric de recherches dans la classe qui lui est spéciale, notre intention fut de mettre seulement en relief les mémoires les plus importants que nous avons eu l'occasion de traiter dans ces dix années.

Certes, il est des observations de médecine que nous eussions pu développer davantage par suite de l'intérêt clinique quelles présentaient, par elles-mêmes, mais nous avons cru qu'il serait plus intéressant de réserver une place toute particulière aux études que nous poursuivons depuis 8 ans sur la pathologie du Pancréas. Par des Recherches d'Anatomie Pathologique, d'Embryologie, d'Anatomie Comparée, de Physiologie expérimentale, nous sommes arrivés à mettre en lumière une série de faits qui, croyons-nous, jettent un jour tout particulier sur la pathogénie et la physio-pathologie de lá glande pancréatique. Ces faits que nous étions seuls à défendre au nom de l'anatomic pathologique en 1905, commencent à être confirmés aujourd'hui et c'est ce qui nous engage à nous étendre ici quelque peu sur ce sujet.

TRAVAUX SCIENTIFIQUES

DIVERS

Cancer du sein chez l'homme

Bulletin Société Centrale de Médecine, février 1902, pages 34-39, *Echo Médical du Nord*

Comme le montre l'Exposé bibliographique que nous faisons en tête de notre article, il paraît y avoir un âge de prédilection pour le cancer du sein chez l'homme, et ce serait principalement entre 45 et 65 ans que cette affection serait la plus fréquente. Cette maladie est relativement rare entre 20 et 40 ans. On n'en observe que très peu de cas au delà de 75 ans. Le cas présent rentre dans ces derniers cas. Notre malade est un vieillard de 78 ans.

Examen histologique. — Toute la tumeur est formée par des bourgeons épithéliaux de toutes dimensions qui, sur la coupe, se présentent sectionnés en long ou en travers et séparés les uns des autres par une trame conjonctive formant des travées qui, en certains endroits, se réduisent et deviennent excessivement ténues.

Les bourgeons épithéliaux sont tantôt arrondis, tantôt allongés et déchiquetés. Le plus grand nombre forme de grosses masses ayant à peu près les dimensions d'un lobule hépatique et même davantage.

Les bourgeons sont formés par des cellules épithéliales polyédriques tassées très intimement les unes contre les autres, formant des nappes cohérentes de tissu épithélial, et ceci à la périphérie des lobules. On ne retrouve en aucun point de la coupe la tendance à la formation d'une rangée régulière de cellules analogue à une véritable rangée basilaire.

Ces lobules épithéliaux ne sont pas absolument pleins; ils se présentent constamment comme criblés de petits orifices autour desquels les cellules se groupent en rangées régulières comme autour d'une lumière glandulaire. Elles prennent alors la forme cylindrique et rappellent très exactement le revêtement épithélial fortement hypertrophié des acini mammaires. En un mot, les cellules, bien que tout à fait métatypiques, conservent de leur origine glandulaire primitive la tendance à se grouper autour d'un système de conduits et de lacunes qui traversent les masses épithéliales.

Le tissu conjonctif qui forme les travées est presque partout du tissu conjonctif adulte formé de fibres lamineuses bien développées, presque sans aucune trace d'infiltration leucocytaire.

Sclérose interacineuse (forme canaliculaire).
V : Vaisseaux.
C : Canaux dilatés.
G : Graisse.
A : Acini.
S : Sclérose.

Forme insulo-acineuse.
C A : Cellules acineuses plus sombres rangées en palissade à la périphérie de l'ilot ou disposées dans le centre de l'ilot.
C I : Cellules insulaires plus claires.
S : Capsule.
V : Vaisseaux.
A : Acini.

Cancer du sein chez l'homme

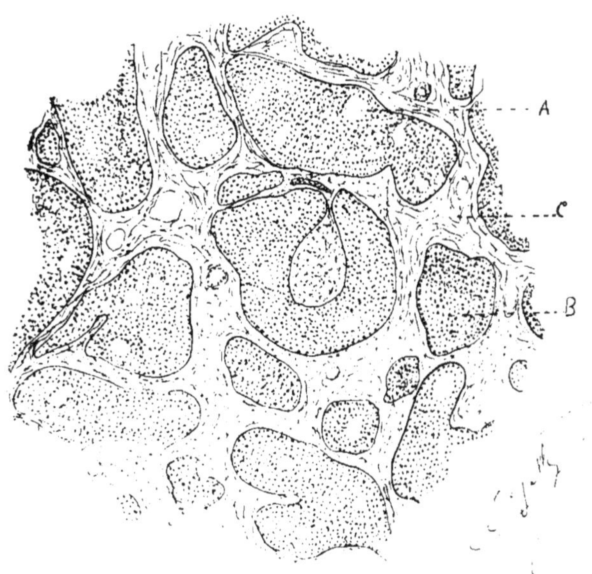

Fig. I.

Il existe en quelques rares points des éperons de tissu embryonnaire qui forment encoche dans les masses épithéliales et s'enfoncent jusque vers leur centre. Cette disposition est toutefois rare.

Il s'agit donc d'un épithélioma tubulé et lobulé, dans lequel tout vestige glandulaire semble avoir disparu, épithélioma qui, étant donné le développement du tissu conjonctif par places, prend alors l'aspect d'une tumeur squirrheuse.

Fibro-sarcome du sein

Echo Médical et *Société Centrale de Médecine* 1909.

En collaboration du Dr Dupuis

Il s'agit d'un fibro sarcome du sein dans lequel l'élément glandulaire était presque totalement disparu sous l'énorme prolifération sarcomateuse.

Kyste mono-loculaire du sein

En collaboration du Dr Potel

Société de Médecine du Nord 1907, page 133.

Épithelioma cutané développé dans un kyste sébacé

En collaboration du Dr Potel

Société de Médecine du Nord 1907, page 135.

Cet épithélioma fut extirpé chez une femme de 50 ans. Il siégeait à la région occipitale. Il était surtout intéressant au point de vue anatomo-pathologique car on pouvait y suivre toutes les transformations d'un kyste sébacé en cancer épithélial.

Tumeur de la thyroïde

avec M. le Dr J. Colle

Bulletin Société de Médecine, 8 décembre 1905, page 497.

La section de cette tumeur qui, par son aspect extérieur et sa consistance, offrait tous les caractères d'un kyste, montra qu'il s'agissait d'une production solide développée aux dépens de la glande thyroïde.

Histologiquement, la tumeur présente la structure glandulaire. Elle est formée par une agglomération de tubes serrés les uns contre les autres ayant perdu la disposition lobulée que l'on rencontre dans une thyroïde normale. Quelques-uns de ces tubes renferment quelques masses colloïdes. Mais ceci est rare. Presque tous ont une lumière libre, ou au contraire comblée en parties par des cellules glandulaires analogues à celles qui servent de revêtement glandulaire.

Enfin par sa structure et par la netteté de ses limites, cette tumeur rentre dans le genre des adénomes et peut être considérée comme une tumeur bénigne de la glande thyroïde.

Tumeur de la base de la langue d'origine thyroïdienne

En collaboration du Dr Bertein

Bulletin Société Anatomique 1909 (Paris).

Nous eûmes l'occasion l'an dernier de présenter à la Société Anatomique deux tumeurs linguales d'origine thyroïdienne.

L'une et l'autre au point de vue clinique se présentaient sous l'aspect de tumeur du V linguale et toutes deux par les hémorragies ou les crises d'étouffement qu'elles occasionnaient nécessitèrent leur ablation.

Au point de vue histologique, l'une avait en tous points la structure de la thyroïde. L'autre au contraire se différenciait plus de cette glande et se rapprochait du type décrit sous le nom de tumeur adénomateuse de Bockdaleck.

Syphilis héréditaire tardive

Société Centrale de Médecine du Nord, page 309, 1909.

Cette observation se rapporte à une enfant de 10 ans atteinte de kératite interstitielle, de gomme de la face et de perforation palatine syphilitique. L'intérêt de ce cas consiste en ce fait que pendant les 8 premières années de sa vie, cette enfant n'eut aucune manifestation même légère de syphilis; 2° que la mère n'eut jamais d'accident et que seul le père présenta un chancre de l'aile du nez.

Septicémie Colibacillaire chez une diabétique

Bulletin Société Centrale de Médecine, 6 mars 1905 et *Écho Médical du Nord*, 1905.

Si les diabétiques sont plus que tous les autres malades sujets aux infections, il est rare cependant de relater des observations de colibacillose généralisée ayant déterminé la mort d'une diabétique.

Cette femme, âgée de soixante-treize ans, était entrée dans le service de M. le professeur Combemale le 23 décembre 1904 et présentait alors tous les signes d'un coma diabétique. Elle exhalait une odeur très prononcée d'acétone et, outre de l'albumine, avait dans l'urine trente-trois grammes de sucre par litre.

A l'autopsie, le cadavre présente sur la face antéro-supérieure du foie un abcès de la grosseur d'un œuf. La vésicule biliaire contient de la bile normale et quelques calculs. Les canaux cystique hépatique, cholédoque sont perméables, légèrement rougeâtres et ne présentent aucune ulcération.

Les poumons présentent à leur base quelques foyers très disséminés de broncho-pneumonie. La rate est molle, grosse et de coloration normale.

Les reins sont assez gros. Le tube digestif, examiné dans toute sa longueur, ne présente aucune ulcération.

A la coupe, on voit dans le foie, le rein et la rate, un assez grand nombre de petites colonies de colibacilles, qui remplissent les vaisseaux intra-lobulaires hépatiques, ceux de la pyramide ou de l'écorce du rein, ainsi que ceux de la rate.

L'abcès du foie renfermait exclusivement des colibacilles.

De plus, étant donné l'intégrité apparente de tout le tube digestif, la porte d'entrée de l'infection reste inconnue. Il est cependant logique d'admettre une infection primitive du foie par voie ascendante car de toutes les lésions infectieuses observées celle-ci est la plus développée.

Cette observation est d'ailleurs publiée en détail dans notre thèse.

Deux chancres syphilitiques céphaliques chez une femme

Bulletin Société de Médecine, 13 juin 1902, page 192

Cancer secondaire au cœur

Bulletin Société de Médecine du Nord, avril 1904, page 106

Il s'agit d'un cancer secondaire du ventricule droit à la suite d'un cancer primitif de l'œsophage.

Actinomycose pulmonaire

Coupes histologiques présentées à la Société de Médecine du Nord le 13 juillet 1906.

Tréponème et Syphilis

GELLÉ, CURTIS et SALMON

Société Centrale de Médecine du Nord, 1906, page 405.

Présentation de coupes et de photographies dans lesquelles se montre le tréponème de la syphilis.

Compte rendu d'une épidémie de chancrelle

EN COLLABORATION DU Dr BERTIN

Echo Médical, 1900

Thrombose de la Carotide primitive

Société Centrale de Médecine du Nord, 1908, page 130.

Ce cas est intéressant au point de vue clinique et au point de vue anatomo-pathologique, car il s'agit d'une obstruction totale de la carotide primitive gauche chez un homme de 63 ans, qui ne présenta aucun symptôme pouvant faire penser à une telle affection. Au point de vue histologique, on était en présence d'un thrombus ancien et remanié dans lequel les vaso vasorum commençaient à s'insinuer.

Toutefois, la carotide était totalement oblitérée et aucune lumière artérielle si petite soit-elle n'était perceptible.

Du traitement de la rupture incomplète des artères

En collaboration du Dr Vanverts

Bulletin Société Centrale de Médecine du Nord, 1909, page 209.

Dans ce travail, sorte de revue générale sur l'opportunité d'une intervention rapide dans les cas de rupture partielle ou de traumatisme d'artère, nous fûmes chargés de faire l'anatomie pathologique d'un cas de gangrène de la jambe et du pied gauches, occasionnée par une rupture de l'artère fémorale.

Cette étude nous montra le rôle important que peut jouer dans de pareils cas les embolies parties du point de rupture artérielle, car il semble que ce soient elles qui, pour une grande part, déterminent le processus gangréneux.

Il s'agissait d'un ouvrier, D..., qui le 1er avril 1908, reçut sur la partie antéro-inférieure de la cuisse le bord de la cage d'un ascenseur qui descendait. Sous l'influence de ce violent traumatisme, il tombe en avant, heureusement après que la cage de l'ascenseur avait continué sa descente, et, passant par le trou béant par lequel venait de passer cette cage, tombe sur celle-ci d'une hauteur de 4 mètres.

Les jours suivants rien d'anormal n'est d'abord noté; puis le gonflement du mollet augmente au niveau de la partie moyenne de celui-ci ; en même temps apparaissent des douleurs dans la jambe.

Enfin la gangrène apparaît, intéressant le pied et la partie inférieure de la jambe et nécessitant l'amputation.

A l'examen histologique, les artères du membre inférieur sont extrêmement lésées au-dessous du point de rupture.

L'artère poplitée est libre, l'artère tibiale antérieure est en voie d'oblitération dans son tiers inférieur, l'artère pédieuse est oblitérée, l'artère tibiale postérieure est libre, l'artère plantaire externe est oblitérée, l'artère plantaire interne est libre. La veine poplitée est oblitérée, les veines tibiales antérieures sont oblitérées, les veines tibiales postérieures sont libres, les veines plantaires externes sont oblitérées, les veines plantaires internes sont libres avec une légère réaction inflammatoire.

Cette observation d'interprétation *a priori* complexe, concerne en somme un cas de rupture incomplète de l'artère fémorale à sa partie inférieure. A la suite de cette rupture, le vaisseau se thrombose.

La limite supérieure du caillot ne nous est pas connue; mais elle ne devait pas être très élevée puisque les lambeaux d'amputation à la partie inférieure de la cuisse étaient bien vascularisés. Quant à sa limite inférieure, elle siégeait à la partie terminale de la fémorale ou à la partie initiale de la poplitée : mais l'examen ultérieur du membre montra que dans toute l'étendue de la poplitée que renfermait la pièce, cette artère était saine et libre. Libres aussi étaient l'artère tibiale postérieure, l'artère plantaire interne, l'artère tibiale antérieure dans ses deux tiers supérieurs. La thrombose ne s'était donc guère étendue vers la périphérie.

Dans ces conditions, la circulation collatérale aurait dû se développer et suffire à assurer la vascularisation du membre. Mais des caillots se détachèrent du thrombus fémoral et allèrent obstruer l'artère tibiale antérieure dans son tiers inférieur, la pédieuse et la plantaire externe; et ces embolies, supprimant à peu près complètement la circulation dans le pied, entraînèrent le sphacèle de celui-ci. Il est intéressant de remarquer que ce sphacèle remontait moins haut en dedans — fait à rapprocher de la perméabilité conservée de l'artère plantaire interne.

Les lésions de phlébite s'expliquent par l'infection qui se développa au niveau du membre privé de circulation et qui subit une poussée à la suite de l'incision faite au niveau de la jambe. Il est, en outre, possible que la veine fémorale ait été contusionnée par le traumatisme qui avait atteint l'artère fémorale et que la thrombose de la veine poplitée reconnût cette condition comme cause. Quoi qu'il en soit, cette obstruction de toutes les veines de la jambe et du pied contribua à gêner le cours du sang et à faciliter le développement du sphacèle.

ORGANES GÉNITAUX

Étude d'un Nævi-Carcinome de la grande lèvre

Bulletin Société de Médecine du Nord, 10 novembre 1905, pages 473-475.

Cette tumeur développée chez une jeune fille de 18 ans avait depuis 2 ans pris des proportions considérables et évoluait depuis quelques mois comme un cancer superficiel.

Ce néoplasme était intéresant en ce sens que ce Nævi-Carcinome tout en présentant à première vue une structure rappelant celle d'un épithélioma, était nettement d'origine mésodermique et présentait la texture histologique évidente d'un sarcome.

Polypes placentaires

Séances de la Société de Médecine du Nord, novembre 1904, page 390.

Rétention placentaire du placenta après un accouchement à terme. Septicémie. Guérison

EN COLLABORATION AVEC LE Dr OUI

Bull Soc. Cent. de Méd. du Nord, 14 nov. 1902, page 274, et *Echo Medical*, 1902, nov.

Nous relatons dans cet article le cas d'une femme qui, à la suite d'un accouchement à terme, entre dans le service de M. le professeur OUI, pour accidents puerpéraux à la suite d'une délivrance incomplète, une masse placentaire du volume du poing restant dans l'utérus.

Nous recommandons dans cet article d'avoir recours à l'emploi simultané du curage digital et du curettage à l'aide de larges curettes de PINARD et WOLLICK, car nous sommes persuadés que la simple extraction du placenta retenu et l'écouvillonnage de la cavité utérine, tels que le préconise BUDIN, n'auraient pu maîtriser une infection ayant atteint une telle gravité.

Kystes de l'organe de Rosenmuller

Bulletin Société Centrale de Médecine du Nord, 1909, page 195.

Nous signalons dans cette note la présence de trois kystes bilatéraux développés aux dépens de l'organe de ROSENMULLER et qui furent trouvés à l'autopsie d'une femme de 23 ans morte d'hémorragies dues à une ulceratio simplex.

Ce cas montrait trois petits kystes bilatéraux développés aux dépens de

Cancer villeux de l'utérus

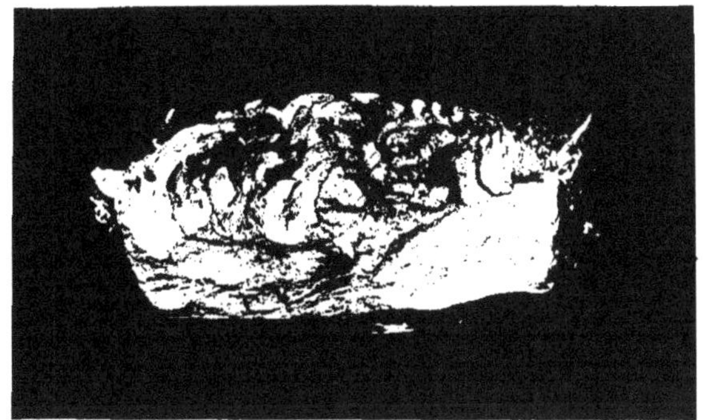

Fig. I.

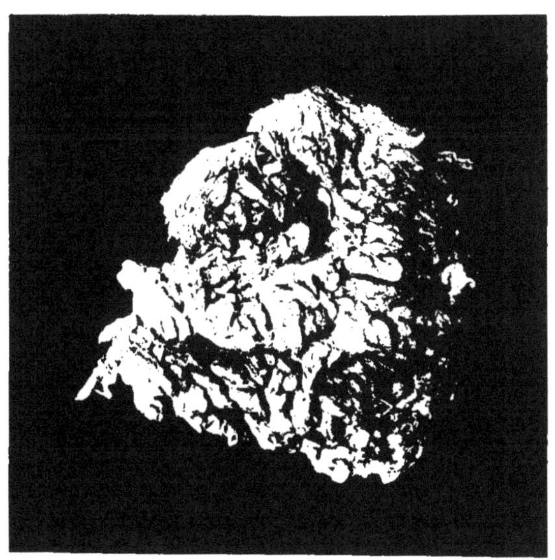

Fig. II.

l'organe de ROSENMULLER. L'un situé à droite est de la grosseur d'une noisette. Les deux autres, situés à gauche, acquièrent le volume d'un pois.

De plus, à droite, près du kyste existe une kydatite pédiculée. Celle-ci est l'hémologue de l'hydatide de MORGAGNI. Par sa localisation elle montre bien son origine époophorique et provient d'une dilatation d'un des canaux externes de l'organe de ROSENMÜLLER.

Un cas d'adénome malin à forme de papillome diffus de toute la muqueuse utérine

Société de Médecine du Nord, 11 juillet 1907 et *Echo Medical du Nord* 1907, 15 sept.

CURTIS et GELLÉ

Nous rapportons dans cette publication l'étude d'un cas de tumeur utérine où toute la masse du corps et du col de l'utérus était transformée en une masse de végétation néoformée. Celles-ci sont très fines et ont une longueur de 2 à 7 centimètres. (Les deux planches ci-contre reproduisent à une grandeur réduite de moitié (environ) l'aspect de la muqueuse).

Ces végétations au point de vue histologique sont formées par des amas glandulaires groupés autour d'axes conjonctivo-vasculaires qui s'élèvent de la paroi utérine. D'une manière générale, ce stroma conjonctif est très développé, il disparaît pour ainsi dire devant la prolifération glandulaire à tel point que les rangées épithéliales des deux glandes voisines paraissent être adossées l'une à l'autre.

Les acini glandulaires, dans la région profonde reposent en quelque sorte directement sur la couche musculaire et en bien des points même, il n'est pas rare de rencontrer des faisceaux de fibres musculaires qui pénètrent dans la base des végétations de la muqueuse.

Ces cas sont rares et c'est ce qui fait l'intérêt de cette observation.

TESTICULE

Tératome du testicule en collaboration du Dr Cavro

Société de Médecine du Nord, avril 1906

Étude topographique des artères du cordon spermatique

Dans thèse de J. Colle, Lille 1902.

En étudiant la position de la funiculaire par rapport aux autres artères du cordon, nous pûmes dans 1 cas, nous rendre compte que cette funiculaire était située en dehors du cordon. Fait important lorsque l'on pratique une section du cordon, car en ce cas, la funiculaire assure la vitalité du testicule.

Anatomie topographique des artères du Cordon Spermatique

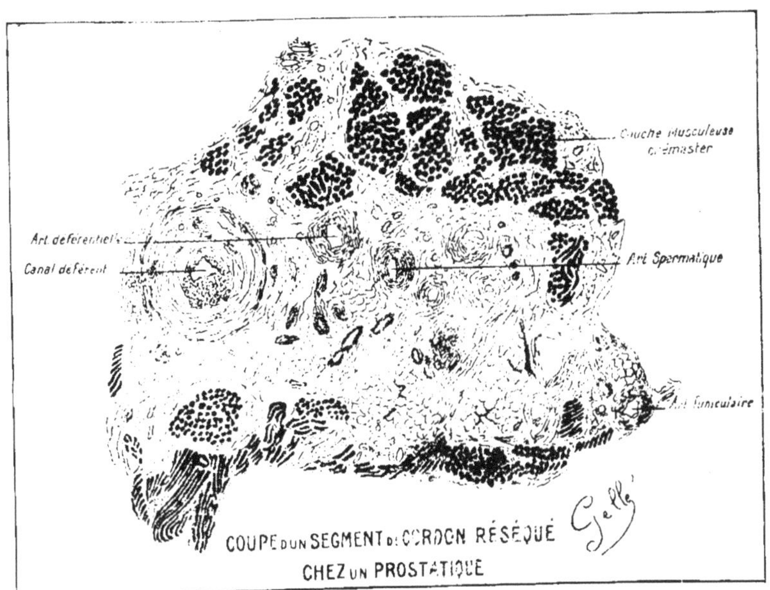

COUPE D'UN SEGMENT DE CORDON RÉSÉQUÉ
CHEZ UN PROSTATIQUE

On remarquera la situation de l'artere funiculaire qui se trouve a la périphérie de la coupe. Souvent cette artere n'est pas comprise dans la resection du cordon.

REINS

Contribution à l'étude du rein polykystique de l'adulte

Mémoire couronné par la Faculté de Médecine de Lille
Prix de l'Université 1901

Après avoir dans ce travail passé en revue les théories qui cherchent à expliquer les différents types de rein polykystique de l'adulte (théorie congénitale, cancéreuse, fibreuse,) nous avons étudié trois cas de reins polykystiques et nous nous sommes rangés à l'idée d'une nephro-papillitte scléreuse ascendante. Type déjà soutenu à peu de chose près par Virchow.

Néphrite chronique atrophique post-diphtéritique

Echo Médical, 13 décembre 1903

Si l'on observe fréquemment au cours d'une diphtérie l'apparition de l'albuminurie, si même cette néphrite détermine des lésions épithéliales assez profondes, il est rare, au dire des nombreux auteurs qui se sont occupés de cette question, de voir la lésion du rein évoluer vers le type chronique.

Il semble même résulter des nombreuses observations citées dans les différents ouvrages que, si la diphtérie occasionne souvent des inflammations épithéliales et de la congestion vasculaire et glomérulaire du rein, il est rare de voir ces lésions évoluer vers l'état chronique et déterminer l'atrophie du rein. Telles sont d'ailleurs les opinions de MM. Chauffard et Brault.

Nous pûmes cependant étudier un cas de néphrite chronique atrophique chez une jeune fille qui, n'ayant eu pour toute maladie que le croup à l'âge de trois ans, mourut à 16 ans 1/2 d'urémie.

Les reins atrophiés pesaient : celui de droite, 61 grammes, tandis que le rein gauche très rétracté ne pesait que 21 grammes.

Ces reins réalisaient au plus haut point le type de la sclérose diffuse avec avec de vieilles lésions épithéliales

De l'utilité du drainage prolongé du bassinet et de la néphrotomie dans le traitement de l'anurie médicale totale

M. le Dr Carlier nous confia l'étude anatomo pathologique de ce travail et nous pûmes examiner deux reins particulièrement intéressants en ce sens qu'ils nous montraient deux types classiques d'infection colibacillaire aiguë, greffée sur de la néphrite chronique.

Dans toute la corticale de ces reins se trouvait un nombre considérable de foyers infectieux dans lesquels se décelaient parfois des colibacilles.

Les reins étaient parfois tellement infiltrés d'éléments inflammatoires qu'il était impossible par place de reconnaître les éléments parenchymateux proprement dits.

Ce cas était extrêmement curieux au point de vue clinique, car malgré cette lésion intense des reins après le drainage du rein, les urines atteignirent le premier jour 5.400 centimètres cubes, le deuxième jour, 3.150 centimètres cubes. Le quinzième jour, date à laquelle survint le décès, la malade urinait encore 1.100 centimètres cubes d'urine dont 800 du côté néphrotomisé. Et chose remarquable, ce rein était des deux le plus altéré.

Étude anatomie pathologique des tumeurs congénitales du rein

Dans ces dernières années, nous nous sommes particulièrement occupés de l'origine des tumeurs rénales et nous fumes amenés à publier les notes et mémoires suivants qui ne furent que le prélude du travail que nous présentâmes en avril 1909 à la Société Anatomique de Paris.

Note sur un cas d'adéno sarcome du rein chez l'enfant

EN COLLABORATION DU Dr GAUDIER

Société Centrale de Médecine du Nord, 12 décembre 1908

Il nous fut permis d'étudier chez un enfant de 3 ans, un cas de tumeur rénale que l'on décrit souvent sous le nom d'embryome rénal ou adéno-sarcome rénal. Cette tumeur avait évolué d'une façon tout à fait latente et ce n'est que par son volume qu'elle s'était révélée cliniquement. Cette néoplasie volumineuse était constituée par des pelotons de tubes épithéliaux cylindriques, parmi lesquels on retrouvait parfois les vestiges de glomérules embryonnaires. D'autres endroits étaient constitués par des plages d'épithélioma pur, d'autres régions enfin, étaient représentées par un tissu sarcomateux dans lequel se trouvait du tissu cartilagineux.

Les hypernéphromes rénaux

QUATRE CAS DE TUMEUR RÉNALES D'ORIGINE SURRÉNALIENNE

Echo Médical du Nord, août 1908.

Étude anatomo-pathologique et clinique de 4 cas de tumeurs rénales présentant histologiquement les types décrits sous le nom d'hypernephomes, mais évoluant comme des cancers rénaux.

Hypernéphrome rénal

EN COLLABORATION DU Dr J. COLLE

Société Médicale du Nord novembre 1908 et *Echo Médical du Nord* 1908.

Il s'agit là encore d'une observation clinique et anatomique d'un cas appelé constamment sous le nom d'hypernephrome, mais qui pour nous entre dans la catégorie des cancers rénaux autochtones et ne sont que des cancers à cellules claires. L'étude suivante le démontre aisément.

Contribution à l'étude des néoplasies rénales dites Tumeurs de Grawitz ou Hypernéphromes

Bulletin de la Société Anatomique, avril 1909.

Ce mémoire se divise en trois parties.

Dans la première, nous passons en revue les données anatomiques et histologiques aujourd'hui en vigueur: nous montrons qu'il existe actuellement deux opinions adverses. L'une admettant que les cancers à cellules claires sont presque tous d'origine surrénalienne, l'autre refusant au cancer rénal, quel qu'en soit le type une origine surrénalienne et les considérant tous comme d'origine autochtone.

L'étude qui suit nous a permis de départager ces opinions et de montrer que si les cancers rénaux d'origine surrénalienne sont rares, ils n'en existent pas moins, mais que à côté d'eux se trouve toute une catégorie de cancers d'origine rénale vraie et qui à première vue, en impose pour des cancers hypernéphretiques et sont d'ailleurs pris pour tels par la plus grande partie des auteurs.

Les six observations d'hypernéphromes que nous pûmes étudier, peuvent se ranger en trois catégories :

Dans une première série (obs. I et II), les tumeurs sont presqu'uniquement formées par des cordons cellulaires pleins ayant tous les mêmes dimensions et la même structure. Dans une seconde série (obs. III, IV, V), nous retrouvons la même organisation en cordons, mais cette disposition alterne avec des plages cellulaires très étendues où il devient impossible de distinguer le moindre cloisonnement. De plus ces cordons sont beaucoup plus volumineux que ceux des deux tumeurs précédentes, et l'on compte souvent 12, 15, 20 et même 30 cellules en coupe transversale.

Enfin, et ceci est d'une grande importance, ces trois tumeurs renferment des productions tubulaires nettes.

La sixième observation qui forme une classe à part est plus complexe encore. Il existe, d'une part, une tumeur primitive de la surrénale; d'autre part, on trouve dans le rein une tumeur qui présente les caractères assignés aux hypernéphromes : 1° région dense formée de cordons à cellules claires; 2° formations kystiques avec papilles arborescentes. Mais cependant il existe en toutes ces régions : 1° des formations tubulaires à lumière nette; 2° un adénome rénal immédiatement situé sous la capsule même de la tumeur.

Ces six tumeurs ont-elles une origine surrénalienne? Tel est le point le plus intéressant mais le plus délicat de toute cette question. Nous allons essayer de le discuter en n'envisageant strictement que les données qui nous furent apportées par nos documents.

Quels sont, pour GRAWITZ, les caractères des hypernéphromes? Ce sont des tumeurs encapsulées siégeant sous la capsule du rein, formées de cordons à cellules claires, et riches en graisses. Tumeurs qui présentent un axe central conjonctif rappelant la partie centrale de la glande surrénale.

Nous ne tenons pas compte volontairement de la dégénérescence amyloïde de la surrénale et de la tumeur, dernier caractère d'origine invoqué par GRAWITZ. Nous croyons qu'il y a là une simple coïncidence et qu'on ne peut établir la provenance d'une tumeur par le seul fait qu'elle présente une dégénérescence banale lésant simultanément un autre organe.

Toutes nos tumeurs ont une capsule, toutes sont formées de cordons et possèdent des cellules claires, riches en graisse. Deux enfin possèdent une région centrale conjonctive (obs. I et III). Est-ce suffisant pour conclure à une origine surrénalienne? Nous ne le pensons pas.

Dans des tumeurs aussi développées que celles qui nous intéressent, il est extrêmement difficile, si pas impossible, de retrouver l'origine exacte, le point de départ de la tumeur. Si pour des germes aberrants surrénaliens de petit volume il est facile de délimiter leur situation exacte, comment trouver le foyer primitif d'un néoplasme lorsque celui-ci a détruit toute une partie de l'organe.

Le second argument de GRAWITZ, reposant sur la structure en cordons, et l'aspect clair des cellules est beaucoup plus important.

Il est de fait que l'on reste immédiatement frappé par l'organisation et l'aspect particuliers de ces tumeurs.

Cette structure très spéciale en cordons, ces cellules remplies de graisse, cette organisation périvasculaire font penser à une glande vasculaire sanguine telle que la surrénale; et l'on comprend combien cette interprétation est séduisante lorsque l'on sait qu'il existe parfois des inclusions de surrénale dans les organes voisins de cette dernière.

Mais ces données sont-elles suffisantes?

Si certains hypernéphromes, et nos deux premières observations en donnent un exemple, sont uniquement formés de cordons pleins, beaucoup furent décrits qui, à côté de tubes pleins possédaient des tubes creux avec lumière bien développée. Or, si nous croyons STŒRK, et si nous nous reportons à notre cas VI, les tumeurs de la surrénale ne présentent jamais de formations tubulaires creuses.

Nous ne voudrions pas nous prononcer d'une façon aussi absolue que STŒRK et nous devons nous souvenir que KŒLLIKER d'une part admet la présence de tubes creux dans la surrénale normale, tandis que, d'autre part, MM. Hartmann et Lecène dans un travail très documenté, admettent également qu'à côté de cordons pleins, il n'est pas rare de voir dans les tumeurs primitives de la surrénale des tubes creux.

Peut-on trouver dans la graisse des cellules un caractère différentiel ?

La seule remarque que l'on puisse faire est que ces tumeurs d'aspect surrénalien sont beaucoup plus riches en graisse que les cancers du rein d'origine nettement autochtone.

Quant aux caractères de ces graisses, nous estimons qu'il est impossible de différencier microscopiquement la graisse de l'hypernéphrome et celle d'un cancer du rein soit par polarisation, soit par coloration.

Dans les recherches que nous fîmes dans ces derniers mois à ce sujet, nous pûmes nous rendre compte que, dans les cancers du rein comme dans les cancers d'aspect surrénalien, la graisse cellulaire présentait les mêmes réactions au Sudan III à l'acide osmique et à la lumière polarisée. La seule différence que l'on puisse constater, nous le répétons, c'est que dans les cancers autochtones les cellules sont moins riches en graisses.

Il en est probablememt de même du glycogène, mais à ce sujet n'ayant pas fait de recherches personnelles, nous ne pouvons avoir d'opinion.

Reste des conclusions de Grawitz: l'existence d'une nappe conjonctive centrale ressemblant à la substance centrale de la glande surrénale.

Nous savons aujourd'hui que la substance médullaire de la surrénale ne peut être comparée en aucun point à un axe conjonctif. Cette partie de la surrénale, issue d'une expansion sympathique, a une fonction de sécrétion tout à fait spécialisée, et ne se retrouve pas dans les germes surrénaliens aberrants qui ne sont uniquement composés que de corticale.

Devons-nous tenir compte de l'existence d'une capsule isolant complètement la tumeur du parenchyme rénal.

Ce dernier argument n'a pas une valeur absolue, car sur les 6 cas que nous possédons, deux fois la capsule incomplète laisse les éléments rénaux en contact avec les éléments néoplasiques. Ne voyons-nous pas des glomérules parmi les cordons périphériques de la tumeur dans les observations II et V. Nous rappelons que pour Stœrk les germes aberrants ne sont pas encapsulés.

De tous les faits invoqués par Grawitz il ne reste donc que la similitude d'organisation de ces tumeurs avec celle de la corticale surrénalienne ou des germes aberrants de cette glande.

Certes ce caractère est très important, c'est même un fait fondamental. Mais suffit-il à lui seul pour permettre d'établir un chapitre de pathogénie aussi important? Nous ne le pensons pas.

Doit-on pour cela rejeter, comme le fait Stœrk, l'origine surrénalienne de ces tumeurs, et les considérer dans leur presque absolue totalité comme issues du parenchyme rénal?

Les arguments de Stœrk sont fondés sur des données histologiques précises et demandent, pour être discutés, une nouvelle série de recherches sur la régénération du rein au cours des néphrites chroniques.

Les faits qu'il invoque contre l'origine surrénalienne de ces tumeurs sont vrais, et nous avons pu les retrouver dans nos observations.

La structure papillaire, la présence de tubes à lumière soit par organisation des cellules, soit par fonte des cellules centrales existent dans presque toutes nos tumeurs, de même que l'alternance de plages cellulaires non cloisonnées, et de territoires disposés en cordons.

Et cependant dans deux de nos cas (obs. I et II), il nous fut impossible de déceler un tube creux typique. De plus, ces deux cas se différencient nettement de nos quatre autres par la petitesse et la régularité des cordons qui ressemblent beaucoup cettefois aux cordons surrénaliens.

L'une est encapsulée comme le décrit Grawitz. L'autre présente une capsule dissociée ainsi que Stœrk l'assigne aux germes surrénaliens, aucune d'entre elles n'a de tubes à lumière, et cependant lorsque des hémorragies dissocient le tissu, on voit se former des formations papillaires.

Aussi, malgré les données de Grawitz d'une part, et de Stœrk de l'autre, il nous paraît impossible de conclure d'une façon définitive, les preuves histologiques actuelles nous paraissant insuffisantes.

Il semble que l'on ait trop agrandi le cadre des hypernéphromes et que bon nombre des tumeurs décrites sous ce titre ne sont que des néoplasmes du rein d'une structure particulière. Et s'il fallait nous prononcer avec netteté sur les six cas que nous présentons, nous estimons que les deux premiers pourraient seuls être considérés comme tumeur d'origine surrénalienne.

De nouvelles recherches s'imposent. Nous devons nous souvenir que des hypernéphromes ont été signalés dans d'autres organes (foie, ovaire, testicule); l'étude détaillée de cas analogues serait d'une grande importance). Dans un ordre anatomo-clinique, il serait du plus haut intérêt de reprendre les études de régénération rénale (Stœrk) et de contrôler, ainsi que le proposait dernièrement M. Brault, l'état de la surrénale correspondante lorsque l'on pratiquera l'ablation d'un hypernéphrome. D'autre part, les tentatives histo-chimiques que nous signalons au début de ce mémoire, et qui se poursuivent depuis plusieurs années, seraient dignes d'être continuées et contrôlées, car en nous apportant les données précises, elles permettraient d'élucider un des chapitres importants de la pathogénie des tumeurs.

Cordons cellulaires au voisinage des kystes. On les voit pelotonnés sur eux-mêmes ou séparés les uns des autres par des capillaires dilatés.

Cordons cellulaires néoplasiques vus à un fort grossissement. Les cordons sont imparfaitement limités par les parois conjonctives des capillaires dont on aperçoit la faible lumière. Les cellules les plus périphériques présentent un aspect sombre, qui contraste avec la clarté des cellules centrales.

Hypernéphrome

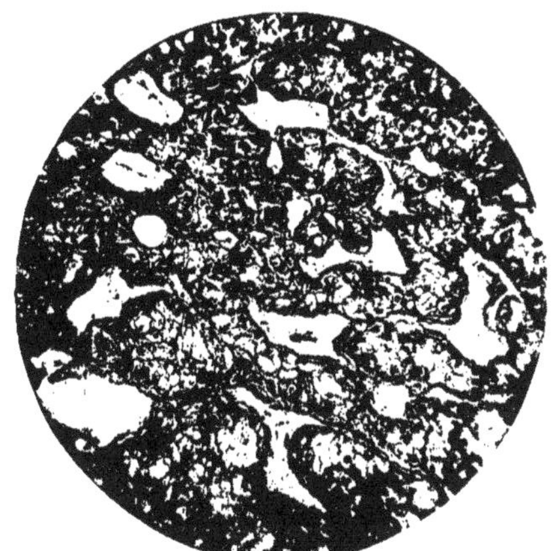

Fig. I.

Fig. II.

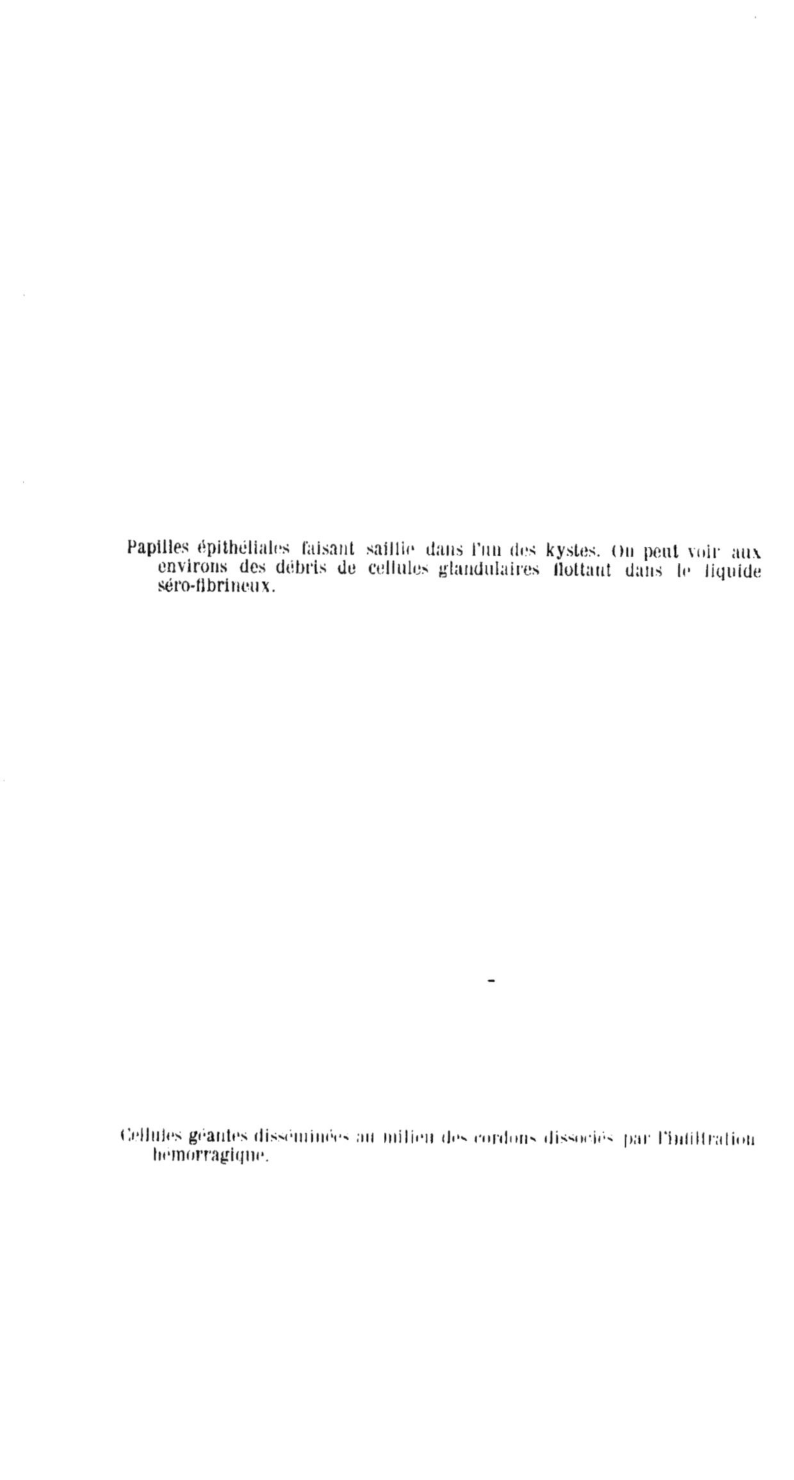

Papilles épithéliales faisant saillie dans l'un des kystes. On peut voir aux environs des débris de cellules glandulaires flottant dans le liquide séro-fibrineux.

Cellules géantes disséminées au milieu des cordons dissociés par l'infiltration hémorragique.

Hypernéphrome

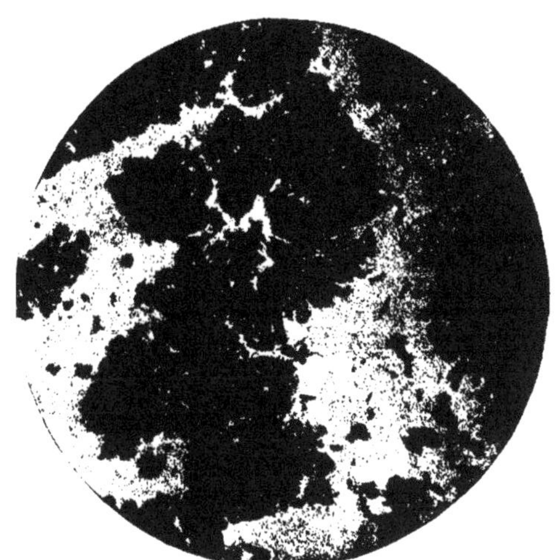

Fig. III.

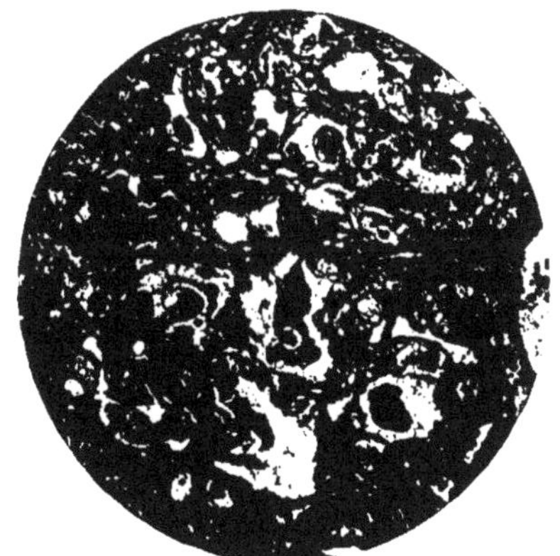

Fig. IV.

SYSTÈME NERVEUX

Myelite syphilitique précoce

Bull. Soc. Méd. du Nord, juillet 1903, p. 216 et *Echo Médical du Nord*, juillet 1903.

Cette observation se rapporte à un malade que nous pûmes examiner dans le service de M. le professeur Combemale.

Il s'agit d'un malade qui ayant contracté la syphilis le 1er décembre 1902, fut pris brusquement le 17 juin 1903 d'une paraplégie du membre inférieur avec syndrome de Brown-Séquard.

Cette observation nous a paru présenter quelqu'intérêt, tant au point de vue de la précocité de l'affection, qu'au point de vue de sa cause déterminante. C'est ainsi qu'en consultant les différentes statistiques de Lamy, d'Orlowski, de Gilbert et Lion, ainsi que celle de Nottas, nous avons pu nous rendre compte que sur deux cent trois cas qui ont été relatés, l'affection n'avait été rencontrée que vingt-et-une fois, du troisième au sixième mois après l'accident initial.

De plus, nous croyons pouvoir admettre au point de vue étiologique que la commotion spinale que notre malade reçut au cours de son travail n'est peut-être pas étrangère à l'apparition de la localisation médullaire de sa syphilis. Il semble même que l'on soit autorisé à penser que ce traumatisme de la région lombaire ait pu amener une contusion même légère de la moelle à ce niveau, et provoquer une plaque de méningo-myélite syphilitique: d'autant plus que la maladie grave dans ses manifestations précédentes, n'avait été qu'à peine traitée.

Cette étiologie, bien que rare, a été cependant signalée et nous citerons à l'appui de notre cas, les cinq autres relatées par Orlowski. Elle est d'autant plus vraisemblable ici, que l'on relève dans les antécédents de cet homme deux maladies graves, une variole qui l'atteignit de telle façon, qu'à l'âge de quatre ans il dut réapprendre à marcher, et un testicule tuberculeux dont il fut opéré à dix-huit ans. Que sa moelle dans ces deux circonstances ait été effleurée, ce n'est pas douteux: il n'en fallait pas plus, avec l'ébranlement médullaire signalé, pour appeler la localisation syphilitique observée. Bien des syphilitiques n'ont pas d'aussi sérieuses prédispositions pour réaliser une myélite précoce.

Deux cas d'arthralgie hystérique chez le vieillard

Echo Médical du Nord, de juillet 1903 ;

Bulletin de la Société Centrale de Médecine, du Nord, octobre 1903, page 274.

Ce travail contient deux cas d'arthralgie siégeant à l'épaule droite, chez deux vieillards âgés, l'un de 66 ans, l'autre de 72 ans.

On ne peut invoquer dans l'étiologie de cet accident, ni traumatisme, ni refroidissement, ni infection.

Les symptômes décrits et observés, le traitement uniquement psychique qui fut institué et les résultats de guérison obtenus en deux jours, montrent bien l'origine hystérique de cette affection dans ces deux cas. Ceux-ci sont intéressants car ils signalent une manifestation hystérique différente de celles rapportées jusqu'ici. L'hyperesthésie est aussi importante et aussi typique que les paralysies ou les hémiplégies dues à la névrose protéiforme. Le vieillard fait donc son hystérie avec toutes les modalités connues, c'est là un second point que ces observations permettent de mettre en vedette.

Une troisième réflexion découle de ce fait, ainsi que de ceux qu'ont relatés les auteurs, et qui ne manque pas d'un certain sel; l'hystérie sénile est presque exclusivement mâle. Les observations publiées dans ce journal, celles dont nous donnons l'indication bibliographique dans notre mémoire s'appliquent exclusivement à des vieillards hommes.

Un cas d'hémorragie méningée à la suite d'une hémorragie cérébrale bilatérale et pédonculaire

Bulletin Société Centrale de Médecine du Nord, 14 Décembre 1906.

EN COLLABORATION DU Dr MINET

Cette observation se rapporte à une femme artérioscléreuse qui, brusquement, meurt d'apoplexie cérébrale.

L'intérêt de cette observation réside sur l'étendue considérable des lésions occasionnées par l'hémorragie.

Celle-ci tout d'abord se révèle comme devant être une hémorragie méningée sous pie-mérienne.

Elle occuperait toute la face inférieure de l'isthme de l'encéphale de la protubérance en s'infiltrant entre les deux scissures de SYLVIUS pour s'étendre enfin sur la surface de la 1re circonvolution temporale et sur les 1re, 2e et 3e frontales.

Mais en coupant le cerveau on constate que l'hémisphère droit est presque totalement transformé en une poche sanguine. Les noyaux gris centraux, la capsule interne, le noyau lenticulaire, la capsule externe, le centre ovale n'existent plus qu'à l'état de bouillie. Le trigone, le septum lucidum, le troisième ventricule sont occupés par un caillot sanguin.

Le ventricule latéral gauche est le siège d'une hémorragie, les noyaux gris centraux et les parties internes du noyau lenticulaire sont détruits.

Du côté droit les pédoncules sont lésés, l'hémorragie s'infiltre sous le cervelet et la protubérance. Enfin la lame criblée est en partie détruite et c'est par cette solution de continuité que le sang a fait irruption dans les méninges.

Contribution à l'étude des tumeurs du cervelet

Mémoire couronné par la Faculté de Lille, 1903.

Ce mémoire exclusivement d'Anatomie Pathologique contient dans une première partie, une étude générale des tumeurs solides du cervelet. Épithéliomes psammones, sarcomes, gliomes, puis dans une seconde partie nous étudions un cas personnel de tumeur du cervelet non encore classée en pathologie et qui poussant à la périphérie des vaisseaux sanguins forment une série de bourgeons vasculaires autour desquels se trouvent des amas considérables de cellules finement réticulées.

Ce sarcome réticulé périthélial d'origine vasculaire est d'autant plus intéressant qu'il pourrait être pris pour des formations réticulées très anciennes de tuberculose, ou pour des gliomes, si l'on ne prenait soin de s'entourer de tous les contrôles modernes de diagnostic.

TUBE DIGESTIF ET ANNEXES

Tuberculose linguale

Bulletin Société de Médecine du Nord, page 326, 1903.

Il s'agit dans cette publication de l'étude histologique d'une langue de tuberculeux, qui présentait de très nombreuses altérations.

Ces lésions évoluaient depuis 2 mois. On y retrouvait toutes les lésions tuberculeuses depuis le simple follicule lymphoïde jusqu'à l'ulcération en bordure, ainsi que le follicule type avec les points jaunes de TRELAT.

Cancer primitif des voies biliaires

Bulletin Société Médecine du Nord, 1903, 27 novembre.

Compte rendu histologique d'un cancer biliaire chez une malade présentant tous les symptômes de rétention biliaire.

Cancer du pylore

Bulletin Société Médical de Lille, 1903, 20 octobre.

Ce cancer était intéressant, car il représentait au point de vue histologique un cas de limite plastique localisée, analogue à celle décrite par PIC et PAVIOT.

Seules du cancer restaient des traînées disséminées de lymphangite cancéreuse parmi les fentes d'un tissu conjonctif dense et par places enflammés.

Étude anatomo-pathologique de la Macroglossie

Mémoire couronné par la Société des Internes et Anciens Internes des Hôpitaux 1904 (1).

La macroglossie, affection relativement rare a fait l'objet de mémoires intéressants de la part de ceux qui se sont occupés de pathologie infantile. Tour à tour on s'efforce de chercher le complexus anatomique et pathogénique.

Les deux cas que nous pûmes étudier en 1904 nous permirent d'écrire sur ce sujet une revue générale où successivement, nous envisageâmes les diverses phases de la question, ainsi que les différentes théories admises. Nous ne donnons dans ce compte rendu que le résumé du dernier chapitre qui traite de l'anatomie pathologique générale de la question.

ANATOMIE PATHOLOGIQUE. — Ce qu'il y a d'intéressant dans l'étude de cette affection, ce n'est pas tant la rareté du fait en lui-même, mais plutôt la variété des différents processus qui, par leur accroissement excessif, causent l'hypertrophie de la langue et engendrent par cela même la macroglossie.

(1) *Echo Médical du Nord*, octobre 1904.

C'est qu'en effet, il n'y a pas que des macroglossies lymphoïdes. D'autres hypertrophies linguales peuvent se développer soit aux dépens du système musculaire, soit même du tissu vasculaire sanguin.

Aussi a-t-on groupé, au point de vue histologique, les macroglossies en trois genres;

1° Une forme lymphoïde;

2° Une forme musculaire;

3° Une forme sanguine.

Cette dernière variété étant produite par un véritable angiome caverneux.

Il faut encore, pour être complet, mentionner certains cas mixtes infiniment plus rares, mais qui peuvent néanmoins se rencontrer.

Nous examinerons tout d'abord la forme lymphoïde.

Au point de vue macroscopique, l'étude des lésions se confond beaucoup avec la symptomatologie et varie en raison même du développement de la langue. Au début, la maladie peut passer inaperçue. La langue est légèrement hypertrophiée, soit dans toutes ses dimensions, soit partiellement. La pointe, par exemple, peut avoir subi un léger allongement. Les papilles paraîtront un peu plus volumineuses, tandis que la périphérie, le contour de l'organe, toujours en contact avec la face postérieure et interne des dents, sera le siège d'empreintes dentaires.

Mais tant que la langue n'a pas dans son accroissement dépassé les arcades dentaires, les caractères macroscopiques sont à peine perceptibles.

Il n'en est pas de même quand la lésion est nettement développée.

Non seulement la langue, comme nous le verrons, présente un aspect particulier, mais encore la bouche, les dents, les maxillaires, les lèvres sont le siège de lésions consécutives.

A ce stade, la langue, énormément accrue, ayant perdu en partie droit de domicile dans la cavité buccale, fait saillie en dehors de la bouche et reste complètement étalée au-devant de la lèvre inférieure.

Tantôt la forme de l'organe est conservée, tantôt au contraire l'accroissement porte d'une façon plus ou moins sensible sur l'un des diamètres (GIES).

Tantôt l'organe a conservé sa consistance normale, parfois on note une sensation de mollesse très accentuée ou tout au contraire il peut se faire que la totalité de la partie hypertrophiée offre une dureté presque cartilagineuse.

L'aspect et la coloration de la partie extrabuccale principalement sont également variables.

Bien rares sont les cas où la langue prolabée reste normale et présente une surface lisse et rosée, le plus souvent toute la partie superficielle est recouverte d'une couche noirâtre due à de la salive et du mucus desséchés. La muqueuse exposée constamment au contact de l'air est sèche, gercée, fendillée, la couche cornée fortement hypertrophiée; çà et là des régions tuméfiées tranchent sur la couleur du reste de l'organe par leur coloration rouge, violacée ou luisante.

Toute la surface de la langue est alors ridée, crevassée, fissurée; des sillons de plus en plus profonds se creusent, des ulcérations se forment et toutes ces excoriations se recouvrent peu à peu de croûtes noirâtres et fendillées.

Les dents, quand elles existent, causent également de profondes perturbations. Tantôt par la pression constante qu'elles exercent sur la langue elles ulcèrent le contour lingual, tantôt lorsqu'elles siègent à la mâchoire inférieure, elles creusent sur la face correspondante de la langue un sillon en arc de cercle qui devient le siège de nombreuses excoriations.

En dehors de ces grosses lésions, la langue atteinte de macroglossie peut présenter d'autres altérations plus délicates. Elle peut apparaître, outre son extrême volume, comme légèrement ridée, framboisée, chagrinée, presque rugueuse, et si l'on examine minutieusement pareil organe à la loupe,on ne tarde pas à remarquer que cette modification est due à une hypertrophie des papilles. Celles-ci sont plus développées, plus distantes les unes des autres qu'à l'état normal et surtout plus saillantes.

Mais si les parties voisines modifient l'aspect extérieur de la langue, elles deviennent également le siège d'altérations réciproques. Les maxillaires et principalement la mâchoire inférieure, les dents, la lèvre inférieure subissant la pression constante de la masse hypertrophiée perdent leur aspect habituel et se déforment peu à peu.

Le maxillaire inférieur est ordinairement projeté en avant. Dans cette évolution, et surtout lorsque les lésions linguales sont au maximum de développement, il subit un mouvement de torsion plus ou moins accentué qui porte en haut sa face postérieure et en bas sa face antérieure.

Lorsque les dents existent et surtout si l'affection évolue au cours de la première dentition, il peut se produire toute une série de modifications.

C'est tout d'abord un retard considérable et même un arrêt complet dans leur développement. Celles qui seront sous les gencives pourront y rester indéfiniment sans même devenir apparentes.

S'il en est de bien développées on les verra peu à peu évoluer dans leur direction. De verticales elles deviendront obliques en avant et même horizontales. Elles s'écartent les unes des autres. Puis les déviations deviendront de plus en plus manifestes, peu à peu l'implantation sera moins solide. Alors les dents se déchausseront, deviendront vacillantes et enfin tomberont.

Il peut se faire qu'à la suite des frottements perpétuellement répétés elles s'usent et se carient. Parfois même le rebord alvéolaire peut être corrodé.

Ces lésions intéressent surtout le maxillaire inférieur, le maxillaire supérieur n'étant généralement que très peu modifié. C'est à peine si l'on note une légère déviation des incisives.

Il en est de même des lèvres. Alors que la lèvre supérieure reste à peu de chose près normale, l'inférieure atteint parfois un volume considérable. Elle se présente comme rejetée en dehors et souvent œdématiée. La surface interne est ordinairement le siège d'ulcérations, parfois même profondes, causées soit par la déviation des dents, soit même par l'irritation entretenue par les dépôts de tartre.

Tels sont les aspects et les modifications macroscopiques qui accompagnent non seulement la macroglossie lymphoïde, mais encore les autres formes musculaires et vasculaires sanguines.

Les différences vont surtout s'accuser dans l'étude histologique.

Au point de vue histologique, disait VIRCHOW dans sa Pathologie des Tumeurs : « La macroglossie lymphoïde consiste en une hyperplasie interstitielle du tissu conjonctif avec formation d'alvéoles lymphatiques. On pourrait appeler ce genre de tumeur un lymphangiome caverneux et en faire le pendant des angiomes caverneux, des vaisseaux sanguins ».

Mais s'il faut, comme l'indique VIRCHOW, examiner les productions lymphatiques et la production conjonctive, il paraît également intéressant de voir ce que deviennent les autres parties de l'organe, aussi étudierons-nous :

1° Les modifications de la muqueuse;

2° Les cavités lymphatiques et les follicules lymphoïdes;

3° Le tissu propre, c'est-à-dire le tissu conjonctif et les muscles, en signalant également l'état des vaisseaux sanguins.

Muqueuse. — Quand on examine des coupes de macroglossie un fait frappe tout d'abord l'attention, si l'on songe surtout que l'on est en présence d'une langue d'enfant. C'est l'épaississement de la muqueuse.

Celle-ci est parfois le double, le triple de l'état normal. Certains auteurs ont constaté une épaisseur quadruplée.

Les modifications les plus nettes portent également sur la couche cornée et sur la région papillaire.

Non seulement, comme nous l'avons déjà décrit au point de vue macroscopique, la couche cornée augmente en dimensions, il peut même se faire que les cellules qui la constituent soient le siège de diverses altérations.

Ces altérations sont un peu plus prononcées dans la région papillaire. On est souvent frappé de l'extension que prennent les prolongements épithéliaux interpapillaires. Tantôt sous forme de cylindres bien développés, tantôt au contraire sous l'aspect de fines expansions, les cellules épithéliales s'invaginent dans l'intérieur du derme. Parfois, on assiste à une évolution contraire et toutes ces masses épithéliales interpapillaires semblent s'étaler, deviennent moins profondes et regagnent, en quelque sorte, par leur épaisseur, ce qu'elle ont perdu en profondeur.

Malgré tout, l'épithélium reste à peu de chose près normal. On ne relève aucune tendance à la dissémination, la couche des cellules basilaires est le plus souvent intacte et ne se présente jamais comme infiltrant le derme dont les limites sont toujours assez bien conservées.

Il n'en est pas toujours ainsi et nous avons vu que des amas leucocytaires pouvaient dissocier les strates épithéliaux juxta-papillaires, et même en effacer presque totalement les limites.

Ectasies lymphatiques. — Dès que l'on quitte la muqueuse pour gagner le tissu fondamental de la langue,on rencontre les ectasies lymphatiques.

Peu développées immédiatement sous la muqueuse, où elles sont parfois réduites à l'état de fentes lymphatiques légèrement ectasiées, elles vont en augmentant de dimensions au fur et à mesure que l'on s'enfonce dans la profondeur de l'organe.

Il convient d'examiner tout d'abord leur agencement dans la région papillaire.

Certaines vacuoles situées dans l'intérieur des papilles se développent peu à peu, refoulent le tissu fibreux environnant et même arrivent à évider presque totalement la papille. Il peut même se faire, ainsi que nous l'avons constaté dans l'une de nos observations, que cette cavité refoule peu à peu la muqueuse et vienne presqu'affleurer à la surface de la langue.

Toutefois ces modifications sont rares et les dimensions des lacunes papillaires restent ordinairement de faibles dimensions. Les plus grandes dans le cas de Variot mesurent de 0mm9 dans leur plus grand diamètre sur 0mm2 dans le plus petit, tandis que les cavités les plus petites mesurent de 0mm08 à 0mm07.

Bien autrement considérables sont les alvéoles des parties profondes.

En ces régions, le tissu propre n'est ordinairement plus représenté que par des travées plus ou moins développées formant en quelque sorte un réticulum dont les mailles ne sont autre chose que des ectasies lymphatiques. Ce sont ces lacunes qui donnent l'aspect aréolaire signalé au point de vue macroscopique.

Ces cavités peuvent prendre un accroissement exagéré et acquérir ainsi les dimensions de véritables kystes, comme le signale Winiwarter.

Pour rechercher l'origine lymphatique de ces cavités il faut surtout s'adresser aux petites lacunes et principalement à celles qui sont presque sous-jacentes à la muqueuse.

On peut voir en effet que ces cavités,de faibles dimensions sont tapissées d'un endothélium plat tel qu'on le rencontre dans les lymphatiques. Parfois on peut suivre également un vaisseau légèrement ectasié qui un peu plus loin se dilate, ou augmente sensiblement de calibre et forme un véritable petit kyste.

Mais dès que ces dilatations atteignent un volume assez considérable, l'endothélium se desquame et les limites ne sont plus formées que par du tissu conjonctif dont les fibrilles semblent pendre çà et là dans les excavations lymphatiques.

Si l'on fait un WEIGERT ou si l'on traite par l'orséine pour mettre en évidence les fibres élastiques, on voit que ces dernières, loin de constituer un réseau continu comme autour des vaisseaux sanguins, forment ici un feutrage plus ou moins serré autour de la cavité.

Cette origine lymphatique est encore mieux décelée par le contenu des alvéoles. Dans toutes les descriptions ayant trait à la macroglossie lymphoïde, on constate que les lacunes sont remplies par une quantité considérable de leucocytes, les hématies au contraire faisant totalement défaut.

Follicules lymphoïdes. - Non seulement ces productions lymphatiques remplissent les kystes et même arrivent à les combler, mais parfois elles peuvent dans l'intérieur des tissus présenter une disposition telle qu'elles ont toute analogie avec les follicules lymphatiques.

GIES avait déjà constaté ces productions.

De même VARIOT, sans nettement préciser, l'avait noté dans son mémoire.

Ces productions étaient particulièrement bien dévelopées dans nos deux cas.

Certains étaient appendus aux travées et faisaient hernie dans la cavité, soutenus simplement par une sorte de pédicule; d'autres, au contraire, beaucoup plus développés, obstruaient complètement l'excavation. Il en était enfin qui, coupés perpendiculairement à leur base d'implantation, se présentaient dans la lacune lymphatique tout comme un glomérule de MALPIGHI se serait présenté dans sa cavité de BOWMAN.

Muscles. — Reste maintenant à examiner l'état des muscles. Ceux-ci sans être le siège de lésions avancées, présentent pourtant certaines modifications.

Tout d'abord, loin d'être rencontrés en masses plus ou moins compactes, le tissu musculaire ne se retrouve plus que dissocié, disséminé çà et là parmi les travées interlacunaires. De plus, il y a une diffusion notable des faisceaux, Ceux-ci sont englobés et séparés les uns des autres par la prolifération abondante du tissu conjonctif qui, dans les cas de macroglossie lymphoïde, prédomine presque toujours sur l'élément musculaire, ce qui s'observe surtout dans le voisinage de la muqueuse et autour des grandes cavités lymphatiques.

Parfois même la fibre présente des altérations. Si l'on ne rencontre pas ordinairement de multiplication des noyaux, les striations transversales peuvent être moins apparentes que sur une fibre normale, des dégénérescences peuvent se produire; qu'il nous suffise à ce sujet de rappeler cette phrase de GIES. « Les » fibres musculaires elles-mêmes avaient perdu en grande partie leurs stries » transversales pour subir la transformation granuleuse ».

Quant aux vaisseaux sanguins et aux nerfs, les modifications sont peu importantes et ne contribuent pas à l'évolution de la lésion.

A ces macroglossies lymphoïdes généralisées, il faudrait encore ajouter, pour être complet, d'autres genres de lymphangiomes.

Ce ne sont plus des cas diffus mais des tumeurs linguales d'origine également lymphatique qui, ne s'étant développées qu'en des régions nettement localisées de la langue, furent par cela même appelées du nom de *lymphangiomes circonscrits*.

Assez nombreuses déjà en sont les observations et nous ne pouvons mieux faire pour cette étude qui n'entre pas spécialement dans notre sujet, que de reporter à la thèse de notre ami, M. le docteur CAMUS qui, tout en donnant une observation personnelle, passe en revue les observations connues.

MACROGLOSSIE MUSCULAIRE. — Cette forme, beaucoup plus rare que la précédente, fut tout d'abord signalée par REY, puis par SÉDILLOT. Mais il faut surtout arriver au mémoire de WEBER pour avoir une étude microscopique détaillée. Après lui viennent successivement les observations et les travaux de GAYRAUD, de PAGET, de LAMBL; plus récemment KOPAL en publie un article et la littérature s'enrichit du travail d'EICKENBUSCH et de la thèse inaugurale d'HELBING.

Les lésions macroscopiques sont peu intéressantes. On rencontre en effet les mêmes caractères que dans la macroglossie lymphoïde; même hypertrophie, même augmentation des dimensions papillaires, mêmes perturbations du côté des dents et des mâchoires.

Mais si l'aspect extérieur offre de très grandes ressemblances avec la forme précédente, il n'en est plus de même quand on pratique des coupes dans un organe porteur d'une telle affection.

Déjà, à la section macroscopique, au lieu d'avoir une modification apparente des tissus, il semble, au contraire, que l'on soit en présence d'une langue normale. Sauf l'épaisseur exagérée de la muqueuse qui est commune aux deux formes, il n'existe en effet ni tissu aréolaire ou caverneux, comme dans la forme lymphoïde ou sanguine.

La langue apparaît ici d'une coloration rougeâtre, chair musculaire, et sinon que l'on a une hypertrophie notable de toutes les dimensions ou de l'une d'entre elles, il serait très facile de prendre cette langue d'enfant pour une langue d'adulte.

Au microscope, on peut constater une augmentation notable de la couche muqueuse, mais il ne faudrait pas prendre ce fait pour une lésion constante, et l'on pourrait, par exemple, opposer le cas de GAYRAUD.

Ce n'est d'ailleurs qu'à l'étude de la région profonde que l'on peut reconnaître les lésions de la macroglossie musculaire.

Si l'on pratique des coupes suivant les axes longitudinaux et transversaux de l'organe, les images données par celles-ci sont à peu près identiques en tous points.

Dans la presque totalité des régions, les fibres musculaires ont conservé leurs striations transversales et longitudinales. Bien rares sont les endroits où les striations transversales soient peu nettes, parfois cependant elles peuvent disparaître et la fibre se présente alors sous un aspect de plus en plus homogène.

Mais presque toutes sont ici formellement augmentées, tant en volume qu'en longueur. Les unes parallèles à la coupe se montrent longues, bien développées, deux fois plus grandes que dans la normale et décrivent un trajet très sinueux. Quand la surface de section leur est perpendiculaire, leurs faisceaux polyédriques se disposent en champ de Conheim dont les fibres seraient considérablement hypertrophiées.

C'est qu'en effet, chaque fibre peut atteindre le double de son développement habituel.

Dans le cas de Weber, on observait toutes les transitions depuis 0,16 μ jusque 49 μ. Eickenbusch, dans son mémoire, signale des fibres de un tiers, une moitié plus volumineuse qu'à l'état normal. Tandis que les mensurations d'Helbing varient entre 10 μ et 18 μ.

Weber avait constaté non seulement une hypertrophie mais encore une hyperplasie du tissu musculaire. Nous ne croyons pas que cette néo-production soit constatée depuis par un autre auteur.

Ce qu'il y a de certain, c'est que dans la plupart des cas il y a non seulement hypertrophie musculaire, mais encore hypertrophie conjonctive.

Weber l'avait signalé, après lui Gayraud note une production anormale du tissu graisseux, tandis que Helbing décrit dans son cas, à côté de régions où le tissu conjonctif est atrophié et pourvu en noyaux d'autres régions où le tissu interstitiel nettement augmenté a subi la dégénérescence hyaline.

Quant à ce qui est de l'élément vasculaire, son rôle ici ne paraît pas exister.

Macroglossie vasculaire sanguine. — Cette forme est absolument rare et rentrerait bien plus dans les cas d'angiomes généralisés de la langue que dans la macroglossie proprement dite.

Toutefois, comme quelques auteurs l'ont signalée, nous nous voyons obligés d'en faire mention.

En 1883, Touaille de Larabrie, étudiant dans sa thèse une observation de ce genre, écrivait : « Ce serait donc là une nouvelle forme anatomique de la » macroglossie congénitale, qui doit être ajoutée aux deux autres formes muscu- » laires et lymphangiomateuses déjà connues ».

En 1892, M. Lefebvre, dans sa thèse inaugurale, signala un grand nombre d'observations d'angiome de la langue, mais il n'y a guère que les cas de Pitts et de Barling qui puissent être rapprochés de celui de de Larabrie.

Les trois petits malades,en effet,étaient des enfants. Celui de de Larabrie âgé de 17 mois; le second, celui de Pitts, avait 4 ans; le malade de Barling était âgé de 7 semaines.

Ici, comme pour les autres formes de macroglossie, les signes macroscopiques sont à peu près identiques à ceux de la lymphoïde ou de la musculaire. La langue est plus ou moins prolabée, suivant le développement de la lésion.

Dans le cas de Pitts, par exemple, où l'hypertrophie était considérable, la langue, au dire de l'auteur, s'était progressivement développée, au point « de sortir et de pendre en dehors de la bouche dans un prolapsus constant ».

Ici encore nous retrouvons la surface de la langue fendillée, croûteuse, parfois même ulcérée, avec le sillon causé par les insisives. Mêmes lésions dentaires et maxillaires comme le décrit de Larabrie. Mais parfois on rencontre sur le dos de la langue un véritable lacis bleuâtre veineux plus ou moins saillant et qui n'est autre que des vaisseaux plus ou moins ectasiés de la lésion angiomateuse.

Au point de vue histologique, la seule lésion intéressante est constituée par le grand développement vasculaire.

Du côté de la muqueuse, peu ou pas d'altérations. C'est à peine si l'on a une augmentation dans l'épaisseur de la couche épithéliale. Tous les éléments des colonnes interpapillaires ont conservé leurs caractères de cellules normales tant au point de vue des noyaux que des crénelures. La couche cornée n'offre pas de modifications notables. Si l'on abandonne cette couche muqueuse pour aborder les lésions sous-jacentes, on remarque alors un certain nombre de cavités qui ne sont autres que les dilatations vasculaires.

Celles-ci se rencontrent déjà dans l'intérieur des papilles fibreuses. Mais en ces endroits, leur développement est habituellement très minime. On ne trouve le plus souvent qu'une seule vacuole, parfois deux, dans l'intérieur d'une papille. Cependant, mais ceci est extrêmement rare, il peut arriver qu'il se développe dans l'intérieur de ces dernières un petit système vasculaire caverneux rempli de globules rouges tassés les uns contre les autres.

Les cavités augmentent en nombre et en dimensions tandis que l'on s'enfonce dans la profondeur de la langue.

Toutes ces lacunes sont creusées dans une trame conjonctive et offrent des formes irrégulières. Les unes sont rondes, circulaires; d'autres plus ou moins ovoïdes.

Dans toutes, au lieu de leucocytes, on voit des hématies bien conservées, tassées les unes contre les autres.

Le tissu interstitiel est peu lésé. Il semble cependant qu'il y ait une tendance à l'hypertrophie fibreuse. Le tissu conjonctif, en effet, paraît développé non seulement dans les régions sous-jacentes de la muqueuse, mais encore le long des lacunes. C'est lui, d'ailleurs, qui constitue la majorité des parois des cavités. Les muscles paraissent refoulés et désagrégés. On les rencontre soit dans les régions profondes, soit éparpillés dans les travées fibreuses interalvéolaires. La plus grande partie des fibres a conservé sa double striation.

Quant aux lymphatiques, ils ne paraissent nullement contribuer à ce dernier genre d'hypertrophie. Il a cependant été décrit des cas où simultanément

La figure montre les éctasies lymphatiques ainsi qu'un follicule lymphoïde de la région moyenne de la langue.

Au centre en A. Follicule lymphoïde remplissant presque totalement une des cavités lymphatiques. — C. Cavités lymphatiques dépourvues de leur revêtement endothélial. — M. Fibres musculaires dans l'intérieur des travées interlacunaires. — TF. Tissu fibreux. — V. Vaisseau sanguin à paroi légèrement hypertrophiée.

A. Follicule lymphatique. — C. Cavites lymphatiques contenant un reticulum fibrineux et une grande quantité en (L) de Leucocytes. TF. Tissu fibreux.

Macroglossie lymphoïde

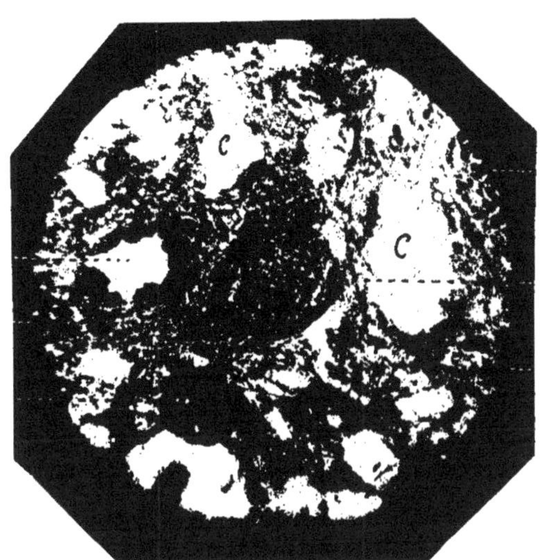

Fig. I.

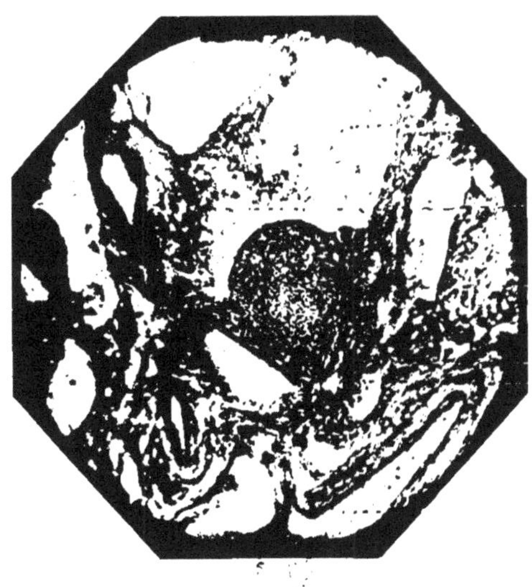

Fig. II.

on avait constaté des productions lymphatiques d'une part et vasculaires sanguines de l'autre. Ces associations portent alors le nom d'hémato lymphangiome.

Ce sont des observations rares de tumeurs qui, pensons-nous, ne doivent pas rentrer dans le cadre de la macroglossie.

Telle est au point de vue anatomo-pathologique l'étude de la macroglossie. Trois formes principales sont en présence. Une lymphoïde, une vasculaire, une sanguine. De ces différentes malformations il y aurait peut-être lieu de se demander, comme beaucoup d'ailleurs l'ont fait, quelle peut bien en être la cause.

Bien vague pourrait être celle que l'on donnerait au point de vue pathogénique soit à la forme lymphoïde, soit à la forme vasculaire, car il semble que toutes deux ressortent du domaine obscur des néoplasies.

Beaucoup plus évidente paraît la théorie congénitale pour la macroglossie musculaire.

Dans presque tous les cas de ce genre, les auteurs ont signalé qu'il existait simultanément des malformations des autres organes.

Qu'il suffise de se reporter par exemple à l'article de Kopal, où toute une moitié du corps est en même temps hypertrophiée, et surtout à la thèse d'Helbing, dont l'observation et la planche sont dignes d'intérêt, car non seulement il y a macroglossie, mais encore malformation intestinale.

A propos d'un cas d'angine de Vincent

En collaboration de M. Evrard

Echo Medical, 1910, 9 Janvier.

Nous eûmes l'occasion dans ces dernières années d'observer tout d'abord 3 cas, puis un quatrième, d'angine de Vincent.

Après avoir décrit en détail la première observation, nous pûmes faire l'étude et la comparaison des autres observations puis émettre les considérations suivantes :

Tout d'abord, au point de vue étiologique, il est d'usage courant d'admettre que l'angine de Vincent évolue sur des individus anémiés et vivant dans de mauvaises conditions hygiéniques, habitant des logements humides. L'angine de Vincent, dit en particulier Montigny dans sa thèse de 1903 (Thèse de Paris), s'observe surtout à l'hôpital. Si ce diagnostic est plus souvent porté à l'hôpital, et si sa fréquence est plus souvent observée, on pourrait se demander si ce n'est pas précisément parce qu'à l'hôpital les examens bactériologiques sont très nombreux et faits à chaque cas d'angine. Cette opinion repose sur ce fait qu'examinant systématiquement chaque cas d'angine, nous constatâmes en 3 ans 4 cas d'angine de Vincent. Or, ces cas évoluaient sur des adultes de 20, 23, 24 et 28 ans en excellent état et nullement anémiés. Les 3 jeunes gens de

20, 23 et 24 ans étaient particulièrement vigoureux; ils avaient chez eux tout le confort hygiénique moderne que l'on peut désirer. Notre malade actuelle avait eu jusqu'ici une excellente santé. Il en est de même chez le malade de 28 ans qui fit une angine et une stomatite ulcéromembraneuse sérieuse ayant évolué en 6 semaines. Il occupait une situation d'inspecteur dans une grande maison de commerce de Lille et n'était nullement anémié.

Il est une cause adjuvante qui explique beaucoup mieux le maximum de fréquence de cette affection dans la seconde enfance, entre 8 et 12 ans et chez l'adulte, entre 20 et 25 ans et sur laquelle VINCENT insiste particulièrement. Nous voulons parler de la poussée dentaire. « Nulle cause, dit VINCENT, n'est peut-être plus commune et plus importante que l'évolution des dents chez l'enfant et chez l'adulte ». (*Arch. de Laryngologie*, 1904). 3 de nos cas sont en concordance parfaite avec l'assertion de VINCENT.

Un second point retiendra encore notre attention : dans ce même mémoire (*Archives de Physiologie*, 1904), VINCENT écrit, p. 364 que « dans l'association offensive du bacille fusiforme et du spirille, les spirilles ont une action particulièrement nécrosante et destructive, à coup sûr plus ulcérante que celle du bacille fusiforme. » Deux de nos cas nous permirent de faire la même constatation.

Un dernier point nous retiendra encore : ce sont les associations microbiennes que l'on peut constater au cours de la symbiose spirillo-bacillaire.

Dans 3 de nos cas, ceux de 23 ans, J. L...., 24 ans et J. S..., 20 ans, on constatait, en même temps que la symbiose fuso-spirillaire, la présence de nombreux diplocoques encapsulés prenant le GRAM et ayant l'aspect morphologique du pneumocoque. Dans un cas, celui de M. C..., âgé de 28 ans, atteint d'angine et de stomatite ulcéro-membraneuse, nous décelâmes la présence de streptocoques.

Enfin, dans le cas actuel, nous eûmes affaire aux staphylocoques. A propos de ces associations microbiennes, nous signalerons que ce fut seulement dans le cas de symbiose spirillaire avec présence de streptocoques que nous observâmes un retentissement sérieux sur l'état général.

Cancer du duodenum, type périwatérien de Pic

EN COLLABORATION DE M. ELOY

Echo Medical, 1907.

Ce cancer était intéressant, car il évolua au point de vue clinique sous le type d'une anémie pernicieuse de BIERMER, sans occasionner aucun symptôme de localisation cancéreuse. Il nous permit en plus d'étudier l'état du pancréas dans ce type de cancer périwatérien. (voir au chapitre pancréas).

Cancer Latent de l'iléon et de l'estomac

EN COLLABORATION DU DOCTEUR VANVERTS

Echo Medical du Nord 1909.

Cette observation était surtout intéressante par le volume même de la tumeur. Cette dernière avait les dimensions d'un poing volumineux d'adulte et n'avait jamais occasionné de troubles digestifs tant au point de vue stomacal qu'intestinal, et cependant, on constatait à l'examen macroscopique une ulcération cancéreuse de la grandeur d'une pièce de 5 francs au niveau de l'estomac, et une grande ulcération de 10 centimètres de longueur sur un segment de l'iléon.

Peut-être l'absence de phénomènes de sténose était-elle due à la structure de la tumeur qui se présentait sous l'aspect ulcéreux d'un cancer colloïde.

Étude Anatomo-pathologique des épiploïtes herniaires

Voir thèse de LEROY, 1905, Lille

Origine tuberculeuse de certains kystes du mésentère

RAPPORTEUR M. PICQUÉ

Bulletin de la Société de Chirurgie, 1903

En étudiant avec le docteur POTEL un cas de kyste du mésentère, au début, nous pûmes nous rendre compte que celui-ci était constitué par une dégénérescence tuberculeuse d'un ganglion lymphatique. Ce ganglion tuberculeux kystique était réduit à l'état de poche liquide dans les parois de laquelle se trouvait une série de follicules tuberculeux.

Malformation congénitale du gros intestin chez un fœtus né à terme

EN COLLABORATION DU DOCTEUR OUI

Observation présentée à la Société d'Obstétrique de Paris, 1908

Si les malformations de l'intestin grêle sont relativement fréquentes chez le fœtus et le nouveau-né, il est beaucoup plus rare d'observer des malformations graves au niveau du gros intestin surtout en l'absence de malformations de l'intestin grêle. Le cas que nous rapportâmes concernait précisément une absence complète du colon ascendant, du colon transverse et du colon descendant. Seuls existaient dans le ventre et à la suite du cæcum bien développé, d'une part, l'ampoule rectale, d'autre part deux tractus du volume d'un appendice qui se dirigeaient vers l'hypocondre droit mais ne s'y rejoignaient pas. A l'examen histologique, ces tractus avaient la constitution de l'intestin et possédaient les 4 tuniques intestinales : muqueuse, sous-muqueuse, musculeuse et séreuse.

L'enfant avait présenté tous les signes d'une occlusion intestinale ordinaire et la mort était survenue dans les premières vingt-quatre heures.

LE PANCRÉAS

au point de vue

ANATOMIE PATHOLOGIQUE

PATHOGÉNIE, PHYSIOLOGIE PATHOLOGIQUE

et

PATHOLOGIE GÉNÉRALE

AVANT-PROPOS (1)

Lorsque nous commençâmes à publier nos premiers travaux sur le pancréas, en juin 1905, deux théories existaient qui cherchaient à expliquer la pathogénie du diabète pancréatique. Depuis 16 ans, l'existence d'une sécrétion interne pancréatique était démontrée par les physiologistes; depuis 12 ans, M. LAGUESSE avait assigné aux îlots de LANGERHANS le rôle d'élaborer la secrétion interne. Depuis 4 ans, anatomo-pathologistes et cliniciens discutaient sur le rôle des acini, ou des îlots sans pouvoir se mettre d'accord. Deux camps étaient formés : les uns, partisans de la théorie acineuse, les autres, partisans irréductibles de la théorie insulaire.

Or, au cours de nos recherches, nous nous étions rendu compte qu'il existait des relations intimes entre les deux parenchymes (insulaire et acineux), et que les lésions du parenchyme acineux retentissaient toujours sur l'évolution du parenchyme insulaire.

Nous avions également remarqué que les îlots provenaient des acini (2). Nous devions bientôt montrer l'importance de ce fait dans la pathogénie du diabète.

L'ensemble des mémoires et notes qui vont suivre constitue une suite complète d'observations et de recherches qui, se groupant et s'enchaînant les unes avec les autres, montrent l'importance qu'il y a d'admettre les relations intimes des deux parenchymes pancréatiques au point de vue de la physiologie pathologique et de la pathologie générale de cet organe.

Étude histophysiologique des îlots de Langerhans chez les ophidiens

Rapport annuel des Caisses de Recherches scientifiques. Année 1908.

DALE ayant soutenu que les injections répétées de sécrétine avaient une grande influence sur les îlots de LANGERHANS et y provoquaient un accroissement considérable, à la suite d'expériences faites sur le chien et sur le crapaud. Nous reprimes ces expériences sur la couleuvre espérant que les îlots

(1) Cet avant-propos est le résumé de l'historique de notre dernier mémoire voir *Bulletin de la Société Anatomique*, mai 1910 « Le pancréas dans le diabète pancréatique ».

(2) Nous nous étions convaincu de ce fait par l'étude que nous avions pu faire du pancréas dans la série des vertébrés. M. LAGUESSE ayant très aimablement mis ses coupes à notre disposition, tant au point de vue de l'anatomie comparée que de l'histologie expérimentale.

que celle-ci présente dans la région pancréatique juxta splénique nous offriraient un champ d'évolution plus facile à interpréter.

Notre maître, M. Laguesse, nous avait d'autant plus conseillé de prendre la couleuvre que lui-même, avait jadis particulièrement étudié cet animal, et que grâce à sa technique nous pourrions fixer aisément les grains de sécrétion spéciaux de l'îlot de Langerhans.

Sur 5 couleuvres que nous mîmes en expérience et que nous injectâmes avec de la secrétine préparée par M. le professeur Wertheimer.

2 sont mortes de 24 à 48 heures après le commencement des injections.

La troisième a reçu, en 24 heures, 4 injections de secrétine de 1 centimètre cube. L'animal a été sacrifié 6 heures après la dernière et des fragments furent fixés dans divers liquides.

La quatrième et la cinquième furent soumises plus longtemps encore aux injections de secrétine acide. Elles en reçurent d'abord 2 centimètres cube, puis 1 centimètre cube à raison de 1 injection toutes les 6 heures.

La première fut sacrifiée au bout de 18 heures, après avoir reçu en tout 10 centimètres cubes. La seconde, au bout de 7 jours, après avoir reçu jusqu'à 33 centimètres cubes. Chez ces 2 derniers animaux, la salivation était très marquée, et la sérosité péritonéale abondante.

Les îlots de Langerhans étaient riches en grains de sécrétion alors que les acini étaient extrêmement pauvres en grains de zymogène. Nous ne pûmes cependant constater les variations considérables des îlots signalés par Dale. Nous croyons, pour notre part, que les animaux à sang froid ne répondent pas aux conditions d'expériences et nous serions plus disposés à penser que de pareilles tentatives sur des animaux à sang chaud auraient un meilleur résultat.

Le Pancréas dans la syphilis héréditaire (1)

avec M. le Dr M. J. Leclercq

Ce mémoire comprend 3 parties, l'une est un historique de la question; la seconde est la description histologique du cas que nous pûmes examiner, le troisième chapitre est consacré à la discussion des observations et des faits que nous pûmes grouper d'une part et observer d'autre part. Cette étude des pancréatites syphilitiques était à nos yeux d'autant plus intéressante à faire que par les aplasies que la syphilis occasionne et par les remaniements qu'elle détermine, ce pancréas allait apparaître avec un tissu acineux réduit à la plus simple expression et un parenchyme insulaire qui encore, relativement décelable, nous montrerait les rapports étroits du tissu acineux et du tissu insulaire.

(1) Communication faite à la *Société de Médecine du Nord*, séance du 10 juillet 1908, et *Écho Médical du Nord*, 1er Novembre 1908.

Nous résumerons l'osbervation en quelques lignes, puis donnerons in extenso la discussion du mémoire.

Notre cas personnel était celui d'un enfant nouveau-né mort peu d'heures après la naissance et dont l'autopsie fut pratiquée 3 heures après la mort.

Voici, d'ailleurs, le résumé de l'observation :

Fœtus du sexe féminin, âgé de 8 mois 1/2. Poids : 2.150 grammes. Parents syphilitiques.

Pemphigus. Pneumonie blanche. Grosse rate.

On trouve dans l'abdomen une tumeur de la grosseur d'une noix, lisse, arrondie, grisâtre, d'une dureté élastique, et formée par le pancréas très hypertrophié et induré. La tumeur comprime une partie de l'intestin grêle, à tel point que la lumière de cet organe est totalement obstruée à ce niveau.

A l'examen histologique, le pancréas apparaît tout d'abord formé par une masse conjonctive parsemée de cordons glandulaires de dimensions variables.

Cette trame conjonctive est extrêmement riche en fibres qui se dirigent en tous sens, et forment un feutrage serré où les cellules abondent.

Cette trame n'est cependant pas en tous points homogène; par places, il s'est produit une condensation des fibres conjonctives qui, se tassant les unes contre les autres, et se disposant parallèlement entre elles, constituent de véritables travées.

Ces bandes relient entre eux les vaisseaux les plus développés, englobent parfois des canaux excréteurs assez volumineux, puis finissent par se rejoindre et se fusionner, dessinant un certain nombre d'anneaux qui circonscrivent des territoires d'étendue variable.

Le pancréas apparaît donc constitué par des éléments glandulaires peu développés disséminés dans une nappe conjonctive répartie en autant de lobules dont les dimensions se rapprochent insensiblement de celles du lobulin pancréatique du nouveau-né.

En quelques endroits, cependant, cette disposition lobulée du tissu fibreux disparaît complètement : il ne reste plus qu'une nappe conjonctive extrêmement dense au milieu de laquelle se retrouvent, peu nombreux et très atrophiés, les vestiges glandulaires des cordons pancréatiques.

La structure de ce tissu conjonctif varie suivant qu'on examine les travées, le tissu compris dans les alvéoles, ou les plaques denses que nous venons de signaler en dernier lieu.

Dans les bandes scléreuses, que l'on pourrait assimiler aux espaces interlobulaires, le tissu conjonctif a acquis un développement beaucoup plus avancé que dans les régions comprises dans l'intérieur des anneaux. Les fibres conjonctives y sont bien formées, longues et épaisses, elles prennent vivement leur coloration élective, sont légèrement sinueuses et se tassent les unes contre les autres, ne laissant entre elles que de très faibles interstices.

Au point d'intersection de deux travées, les fibres se séparent en deux groupes, les plus externes passent directement d'une travée à l'autre, les plus internes au contraire, se groupent au pourtour des orifices vasculaires ou canaliculaires qui se trouvent ordinairement en ces régions. Elles contribuent à former en ces points un feutrage plus ou moins épais et se confondent soit avec l'adventice des vaisseaux, soit avec le tissu conjonctif de l'expansion canaliculaire.

Le tissu conjonctif compris dans l'intérieur des anneaux extra-lobulaires et qui renferme les éléments parenchymateux, est beaucoup plus lâche, les fibres y sont disposées en tous sens, dessinant un lacis dans les mailles duquel se trouvent de nombreux éléments cellulaires et de la matière amorphe finement grenue.

Au voisinage des éléments glandulaires, les fibres tantôt se disposent concentriquement par rapport au cordon cellulaire épithélial, formant alors une gaîne un peu plus épaisse, ou tantôt entrent dans la constitution des bourgeons qui remanient la structure de la glande.

Si la plus grande partie des coupes est formée par du tissu conjonctif à fibrilles ténues, circonscrit en plages irrégulières par des travées épaissies, il est des régions où l'élément fibreux a pris un développement considérable. Les fibres sont tassées les unes contre les autres ou intriquées en tous sens. Elles forment un feutrage extrêmement dense. En ces points existent çà et là, quelques hémorragies interstitielles. Les éléments cellulaires y sont rares, et les quelques tubes glandulaires qui s'y trouvent sont en voie d'atrophie extrême.

Dans les autres régions, au contraire, tant au niveau des travées que dans les espaces interglandulaires, ce tissu interstitiel est parsemé de très nombreux éléments cellulaires.

Alors que dans les travées conjonctives les éléments cellulaires apparaissent en grande majorité allongés et fusiformes; dans le tissu interacineux, la diversité cellulaire est des plus grande.

A côté d'éléments allongés et fusiformes, il en est d'autres, très nombreux, arrondis qui, tantôt, répondent au type des cellules conjonctives embryonnaires, véritables petits lymphocytes, ou tantôt ressemblent, par leur taille, à de grands mononucléaires, ou même, par leur coloration, à des cellules plasmatiques.

En certaines régions, et principalement au niveau des lumières vasculaires ou même de certains canaux excréteurs, ces éléments cellulaires sont particulièrement nombreux. Ils forment souvent, en ces points, une série de manchons autour des vaisseaux de faible calibre. Parfois, cette infiltration cellulaire a pris une extension telle qu'elle constitue une véritable gomme. En deux points des coupes, situés dans la paroi d'un canal excréteur de fort calibre, se trouvent deux de ces nodules. Ils sont formés par des cellules ayant encore conservé leur électivité colorante. Toutefois, dans les régions les plus centrales, les noyaux sont plus petits que normalement, commencent à se désagréger et donnent l'impression d'une véritable poussière nucléaire. L'étude des éléments cellulaires dans les régions moyennes de ces nodules infectieux, nous montre la prédominance des petites cellules lymphocytaires, quelques grandes cellules plasmatiques s'y retrouvent également; toutes sont plongées dans un très fin reticulum conjonctif. Les limites de ces nodules sont peu nettes, peu à peu les cellules se raréfient, le tissu fibrillé devient plus dense et le tout se confond avec le tissu voisin.

A côté de tels vaisseaux, situés au milieu de cette réaction inflammatoire, il en est d'autres, et c'est la majorité, qui présentent un épaississement notable de leurs parois. Ils apparaissent presque tous formés d'une lumière de faible calibre entourée de parois conjonctives, deux et trois fois plus développées que normalement et qui parfois se confondent avec le tissu interstitiel environnant.

Eléments glandulaires. — Lorsque l'on étudie le tissu parenchymateux en lui-même, on est frappé de la rareté évidente du tissu acineux.

Ce que l'on voit surtout, et nous dirons presqu'exclusivement, ce sont des tubes épithéliaux coupés en tous sens et apparaissant, selon les hasards de la préparation, suivant leur grand axe longitudinal, leur axe transversal ou même en coupes obliques. Ce sont ces deux dernières images qui, bien souvent, donnent l'impression de formations acineuses. Ces éléments glandulaires ressemblent beaucoup plus aux canaux primitifs de l'embryon ou aux canaux intercalaires (Schalstücke) qu'à des acini. D'ailleurs, lorsqu'on les suit en coupes sériées, ou lorsque dans une coupe une de ces formations glandulaires apparaît pourvue de son expansion terminale, on voit ce canal se diviser en deux, trois ou quatre rameaux. Ceux-ci, après avoir fourni un cordon cellulaire plus petit mais analogue en structure à celui dont il prend naissance, s'évase et forme enfin un acinus. Ce dernier peut être unique et coiffe l'extrémité du canal comme une véritable ampoule, ou peut se montrer bilobé ou trilobé, donnant l'aspect d'une feuille de trèfle.

D'ailleurs, cette différenciation acineuse est toujours peu accusée, et, même lorsque cet évasement glandulaire se produit, il est rare de voir la cellule épithéliale suivre l'évolution. Même dans les endroits où l'acinus est développé d'une manière suffisante pour permettre une lumière appréciable, les cellules épithéliales qui les composent sont presque toujours cylindrocubiques et même cubiques, comparables en tous points aux cellules des canaux. Il est bien rare de rencontrer des cellules cylindriques. De plus, les cellules acineuses n'existent que dans quelques acini et dans ce cas n'y sont qu'en très petit nombre une ou deux par acinus.

A côté de cette hypoplasie glandulaire on constate également que ces cordons sont en voie de remaniement et de fragmentation causés par la prolifération du tissu conjonctif.

Lorsque l'on suit ces canaux en série, on remarque que le tissu conjonctif périglandulaire envoie des bourgeons qui s'enfoncent dans l'intérieur du tube et le dissocient. Tout d'abord ce tissu conjonctif est formé par une substance amorphe où l'on ne rencontre ni fibres, ni cellules, il forme un léger éperon qui peu à peu s'épaissit et se charge de fibres. Puis, dans les éperons plus volumineux, on rencontre des cellules qui sont toujours en ces endroits plus rares que dans le reste du tissu interstitiel.

Ce tissu de bourgeon contient quelques vacuoles de grandeur variable dans lesquelles se montrent une fine substance grenue.

Puis ces bourgeons occasionnent des pincements ou des coudures des cordons glandulaires et finalement se soudant entre eux segmentent ces derniers. Il y a dans cette pancréatite syphilitique, à côté d'arrêts de développement des éléments parenchymateux, une dissociation de ces mêmes vestiges glandulaires qui, segmentés, n'apparaissent plus enfin que comme des restes de soi-disant acini en voie d'atrophie.

Ilots de Langerhans. — Ces remaniements causés par la sclérose dans la glande pancréatique vont avoir leur répercussion sur les ilots de Langerhans. Si dans certains points des coupes ces derniers sont nombreux et bien développés, nous verrons par contre que là où le tissu conjonctif est dense et a pris l'aspect d'un tissu fibreux adulte, il n'est plus possible de rencontrer un seul de ces organites glandulaires.

De plus, il n'existe pas d'ilots de Langerhans dans les travées conjonctives qui forment les anneaux décrits précédemment.

Si, d'autre part, nous établissons une numération par millimètres carrés dans les régions où le tissu conjonctif, moins compact représente le territoire lobulaire, là par conséquent où les canaux ont leur maximum d'extension, nous obtenons une moyenne de 1 ilot 55 centièmes par millimètre carré. Par contre, dans les endroits où la condensation du tissu conjonctif a détruit et atrophié les tubes qui ne sont plus représentés que par quelques petits cordons cellulaires, il est impossible de déceler le moindre ilot.

Les dimensions des ilots dont nous venons d'établir la moyenne sont très variables. Il en est de très petits, dont les diamètres, pris perpendiculairement l'un à l'autre mesurent entre 50 et 60 μ; d'autres sont très volumineux et atteignent 280 μ de diamètre; beaucoup se rangent dans la catégorie des ilots moyens et mesurent entre 100 et 200 μ de diamètre. Voici d'ailleurs la mensuration de 10 ilots pris au hasard de la coupe :

330μ	165μ	99μ	165μ	121μ	286μ
187μ	154μ	132μ	110μ	110μ	198μ
	275μ	106μ	55μ	165μ	
	165μ	105μ	66μ	176μ	

Certains de ces îlots possèdent une fine cloison amorphe qui les sépare nettement du tissu interstitiel environnant; mais il en est d'autres qui, par suite de la disparition de cette membrane, ou peut-être même de la sclérose de cette membrane, apparaissent entourés par une bande plus ou moins épaisse de tissu conjonctif fibrillé. Cette couronne conjonctive donne alors à ces îlots un aspect qui les fait ressembler aux glomérules du rein lorsque ceux-ci présentent de l'épaississement de leur capsule de BOWMANN. D'autres, enfin, ont des limites peu nettes, les fibrilles conjonctives de la périphérie en suivant le trajet des vaisseaux insulaires ou même, comme nous le verrons plus loin, des canaux glandulaires d'où provient l'îlot, arrivent à dissocier les cordons épithéliaux les plus externes, et rendent ainsi très pénible une délimitation exacte. L'étude des îlots en série nous montre également quelques particularités intéressantes.

Certains îlots apparaissent complètement isolés du reste du parenchyme et enveloppés de tous côtés par le tissu conjonctif.

Les capillaires sanguins les pénètrent seuls.

Mais cette disposition est rare; le plus souvent l'îlot a conservé ses attaches avec le parenchyme exocrine qui lui donna naissance. Les cordons insulaires sont donc en continuité directe avec les canaux ou les rares vestiges acineux décrits précédemment, la coloration différente des cellules permet de distinguer les deux genres d'éléments.

Dans les îlots de petit calibre, la continuité n'existe qu'avec un seul canal, mais dans les îlots plus volumineux, ceux notamment qui mesurent 150 à 300 μ de diamètre, plusieurs canaux, 2 ou 3, parfois diamétralement opposés, viennent se mettre en contact avec les cordons cellulaires. Les uns abordent l'îlot perpendiculairement à la périphérie, d'autres au contraire s'enroulent autour de lui, formant une simple coudure ou parfois même l'encerclant presque complètement avant de se confondre avec les cordons insulaires. Cette disposition des canaux par rapport à l'îlot fait songer à une rosace, dont le centre serait occupé par l'îlot tandis que les rayons seraient dessinés par les canalicules.

L'étude de ces points de jonction entre les canaux et les îlots permet de nous rendre compte de l'envahissement de ces derniers par la sclérose.

En ces endroits, en effet, le tissu conjonctif s'épaissit, forme une touffe fibrillée qui s'insinue dans l'intérieur de l'îlot et sépare les cordons cellulaires les uns des autres. Cette sclérose qui respecte la majorité des îlots acquiert cependant une réelle importance dans les régions où le tissu conjonctif est plus développé. Gagnant la totalité de l'îlot, elle le dissocie et finalement le fait disparaître.

Il n'existe, en aucun îlot, de dégénérescence hyaline ou d'hémorragie.

Nous fîmes, d'après la méthode de LEVADITI, la recherche du spirochoète de SCHAUDINN. Nos résultats furent négatifs; toutefois, nous nous garderons de conclure de ce fait que ceux-ci n'existaient pas dans ce pancréas. Il est très probable que si nos fragments avaient contenu des amas miliaires identiques à ceux que nous décrivions plus haut, nous eussions eu des résultats tout différents.

Anatomie pathologique générale. — Si nous cherchons à grouper, dans un ensemble, les différentes lésions décrites par les auteurs dans le pancréas atteint de syphilis héréditaire, et celles que nous-mêmes constatâmes, nous voyons que ces altérations peuvent être classées en deux groupes :

Dans le premier, la syphilis a déterminé dans l'organe une production conjonctive intense qui lui donne un aspect très spécial, sans que l'on trouve toutefois de productions syphiliques caractéristiques, c'est-à-dire de gommes.

Dans le second groupe, au contraire, la syphilis, en plus des lésions scléreuses sus-citées, détermine des formations gommeuses qui lui sont propres. Ce sera la forme scléro-gommeuse que l'on peut opposer à la forme scléreuse pure.

De ces deux formes : pancréatite scléreuse pure, et pancréatite scléro-gommeuse, la première est la plus fréquente. Si nous compulsons, en effet, les différentes observations publiées par les auteurs, nous pouvons faire rentrer en ce cadre deux observations de CRUVEILHIER, celle d'ŒDMANSSON, deux de WEGNER (observ. IX et XII), treize observations de BIRCH-HIRSCHFELD, quatre de SCHLESINGER (cas I, III, IV et V), les deux observations d'OPIE et huit observations de KIMLA.

La forme scléro-gommeuse paraît moins fréquente quoique pas très rare, et nous relevons à son actif l'observation de BECK, deux cas de KLEBS, un de SCHLESINGER, un de HUEBSCHMANN, un de KIMLA, un de STŒRK et le nôtre.

Au point de vue macroscopique, il ne paraît pas exister de différences sensibles entre les deux formes. Dans l'une comme dans l'autre, l'aspect du pancréas tient surtout à l'extension de la sclérose, il est rare en effet que les productions gommeuses aient pu altérer quelque peu l'ensemble macroscopique de l'organe, les gommes sont ordinairement de taille très minime et le plus souvent ne sont appréciables qu'à la loupe ou au microscope.

Nous prendrons donc comme type de la description macroscopique l'état du pancréas dans la pancréatite diffuse et dans ce cas deux types se présentent suivant que la glande est scléreuse en totalité ou en partie.

Dans le premier genre, le pancréas est hypertrophié dans toute son étendue, il forme une masse dure, résistante au toucher. Il est difficile de délimiter les différentes parties constituantes : la tête, le corps ou la queue. L'organe est blanchâtre, parfois légèrement jaunâtre, et il n'est pas possible de percevoir une lobulation quelconque; pas plus à la superficie qu'à la coupe. En pratiquant cette dernière, on a l'impression de sectionner une bande fibreuse et c'est ce qui amena CRUVEILHIER à comparer ce tissu à celui d'un squirrhe.

Parfois, cette condensation scléreuse n'occupe qu'une partie de la glande, comme cela se voit dans les observations de Kimla (dans les cas IX et XI); la queue et même le corps sont respectés, la structure lobulée existe, l'induration siège uniquement au niveau de la tête.

Il peut même arriver, ainsi que montrent certains cas de Birsch Hirschfeld, que la lésion, à peine marquée macroscopiquement, soit impossible à être décelée sans l'aide du microscope.

État microscopique. — Dans ces cas de pancréatite diffuse, la plus grande partie de l'organe est formée par un tissu conjonctif d'aspect homogène dans lequel sont répartis les éléments glandulaires.

Ce tissu conjonctif, suivant les stades, est formé par un tissu fibreux compact; ou, au contraire, est constitué principalement par des éléments cellulaires disséminés dans un feutrage plus ou moins serré. Le plus souvent il n'y a aucune trace d'organisation lobulaire, vestiges de canaux ou d'acini parsèment la coupe sans qu'on puisse leur assigner une topographie appréciable. Parfois cependant, comme dans les cas de Stoerk et le nôtre, des condensations trabéculaires se sont formées scindant en territoires secondaires la nappe conjonctive primitive.

Il y a donc en ce cas une ébauche de lobulation pancréatique, mais cette répartition en territoires secondaires fait plutôt songer dans ce tissu fibreux à des lobules mammaires légèrement adénomateux qu'à la délicate charpente conjonctive du pancréas normal.

Les éléments cellulaires qui composent et parsèment ce tissu conjonctif sont très nombreux et de types variés. Leur abondance est en rapport avec l'état d'organisation du tissu interstitiel. Dans le cas où le tissu interstitiel a atteint un développement fibrillé notable, les éléments cellulaires sont relativement peu nombreux, ce sont tantôt des cellules rondes mononucléaires à noyaux clairs ou foncés, ou des cellules allongées fusiformes.

Dans les cas où la réaction inflammatoire est plus accusée, on rencontre tout d'abord autour des vaisseaux, de véritables manchons de cellules rondes analogues en tout point à des cellules lymphoïdes, la majorité de celles-ci est formée de mononucléaires; quelques-unes cependant peuvent présenter l'aspect de leucocytes polynucléaires. Ces cellules se rencontrent également dans les mailles du tissu conjonctif périlobulaire. A celles-ci s'ajoutent des éléments plus différenciés. Ce sont tout d'abord les cellules fusiformes, puis les plasmazellen et les leucocytes. Nous signalons également, d'après Opie, la présence de cellules éosinophiles, que nous ne pûmes rencontrer soit dans les autres descriptions, soit dans notre cas.

Pour les premiers auteurs, cette pancréatite scléreuse était toute l'altération pathologique causée par la syphilis héréditaire, pour d'autres, et ce sont les plus récents, Schlesinger, Opie et surtout Kimla, le caractère de l'affection serait dû principalement à un arret de développement du tissu parenchymateux, une véritable hypoplasie.

Il est de fait, qu'à l'examen d'un pancréas atteint par cette sclérose diffuse, ce qui frappe immédiatement est le faible développement des éléments parenchymateux par rapport au tissu interstitiel. Toutes les observations sont identiques sur ce point. Les acini sont, en effet, très rares; les canaux excréteurs de gros et de moyen calibre, perdus dans la nappe conjonctive, ne sont pas toujours très individualisés, il n'existe véritablement que des canaux intermédiaires constitués par une assise de cellules cubiques (rarement cylindro-cubiques), qui reposent sur une membrane basale.

N'y a-t-il en ces cas de syphilis qu'un arrêt du développement des tubes, qu'une simple hypoplasie glandulaire, comme on serait porté à le croire en lisant, notamment, le travail de Kimla, nous ne le pensons pas. A côté de cet arrêt de développement manifeste, il existe, comme nous avons pu nous en convaincre en suivant ces canaux dans la série des coupes, un remaniement important de ces expansions canaliculaires. La sclérose, en poussant des bourgeons intra canaliculaires, segmente, morcelle et atrophie ces éléments glandulaires puis finit par les faire disparaître. Il y a donc, non seulement hypoplasie glandulaire, mais encore dissociation et destruction glandulaire par l'effet croissant de la prolifération conjonctive.

Le groupement de ces deux processus pathologiques nous paraît d'ailleurs concorder d'une façon plus satisfaisante avec l'ensemble des faits.

Lorsque l'on compare ces pancréas comme nous le fîmes, par exemple dans notre cas, avec des organes provenant de fœtus normaux, on voit que des pancréas syphilitiques de fœtus arrivés à leur huitième mois de gestation sont moins développés au point de vue glandulaire que ceux de l'embryon présentant à peine six semaines de gestation.

Alors qu'il n'y a encore dans ces pancréas normaux de six semaines aucune trace de lobulation, les acini sont bien développés, forment des grappes nombreuses et étendues, parmi lesquelles se trouvent les îlots de Langerhans, qui restent en continuité intime avec le tissu exocrine. Or, dans le pancréas de ce fœtus syphilitique de 8 mois 1/2 et même dans ceux arrivés à terme, là où le parenchyme exocrine est presqu'uniquement formé de Schaltstücke, il arrive qu'à côté des îlots en continuité intime avec ces canaux intercalaires, bon nombre sont isolés complètement du tissu exocrine et perdus au milieu de la sclérose qui leur forme une véritable couronne. Or, les îlots sont en nombre égal à celui de l'état normal et parfois même un peu supérieur, il a donc fallu qu'à un moment donné du développement, les organes générateurs de ces îlots c'est-à-dire les tubes primitifs et par cela même le tissu exocrine, fussent en quantité suffisante pour les former.

D'ailleurs, s'il y avait hypoplasie simple, on s'expliquerait mal les cas où une partie de la glande est seule intéressée par la pancréatite syphilitique, où par conséquent à côté de la tête à peine développée présentant de simples canaux intercalaires, on trouve le corps et la queue du pancréas dans un état très voisin de la normale. Il faut donc que le tissu conjonctif et par conséquent la sclérose joue un rôle atrophique et dissociant qui se combine à l'arrêt du développement causé par le processus syphilitique.

Restent les îlots de LANGERHANS. Ceux-ci paraissent, du moins au début, ne subir aucune atteinte de la part de la sclérose, et si dans quelques cas on voit que ces îlots sont peu nombreux, presque toujours les auteurs les signalent comme bien conservés, ou bien développés.

Si nous nous reportons enfin à nos numérations personnelles, nous voyons qu'on peut les considérer comme ayant atteint leur développement normal. Il n'y a donc pas, en ce qui les concerne, d'hypoplasie. Toutefois, tous ne sont pas absolument sains et bien que dans la majorité des cas on les représente comme respectés par la sclérose, il n'en est pas moins évident qu'un certain nombre d'entre eux subissent les atteintes de la prolifération conjonctive qui les enserre.

Soit par leur périphérie, soit, et principalement, par leurs points de continuité avec les canaux dont ils émanent, ils offrent des points de pénétration à l'infiltration conjonctive qui finit par les dissocier.

Certes, ces îlots lésés, dans notre cas, étaient les moins nombreux, mais il n'en est pas moins certain qu'ils existaient, et qu'en certains endroits, où le tissu conjonctif était arrivé à son maximum de développement, aucun îlot n'était plus perceptible.

Telles sont donc les altérations que l'on rencontre dans la pancréatite scléreuse diffuse due à la syphilis héréditaire.

Celle-ci peut être généralisée et occuper toute la glande, elle peut également n'intéresser qu'une partie de l'organe. C'est ordinairement, en ce cas, la tête qui est lésée, le corps et la queue sont alors respectés ou à peine altérés.

A côté de cette forme qui, bien qu'uniquement scléreuse, possède une originalité qui la différencie de toutes les autres affections pancréatiques, il est une autre forme où la syphilis se révèle et se manifeste avec ses caractères spécifiques, c'est-à-dire par la présence de formations gommeuses.

La forme gommeuse pure, qui se voit dans la syphilis acquise, n'existe pas, que nous sachions, dans la syphilis héréditaire. Les observations que nous consultâmes, ainsi que la nôtre, les indiquent toutes comme un phénomène pathologique associé aux altérations scléreuses et glandulaires précipitées. Ce sont de petits nodules miliaires à limites peu nettes formées par des agglomérations de cellules lymphoïdes, qui tantôt sont encore perceptibles dans tous leurs détails histologiques ou tantôt sont en voie de nécrose.

Notons enfin que dans le pancréas, comme dans les autres organes des syphilitiques héréditaires, le spirochoète de SCHAUDIN peut exister en abondance; l'observation de HUEBSCHMANN, dont nous donnons le résumé en tête de cet article, en apporte la preuve évidente.

Par ces descriptions, on peut se rendre compte qu'il y a une grande analogie entre les altérations pancréatiques et les autres lésions concomittantes créées par la syphilis dans les organes des embryons ou des nouveau-nés. Sclérose, arrêt de développement, remaniement glandulaire, se rencontrent partout. aussi bien dans le foie, le poumon, la rate, que dans le testicule ou l'intestin, Un seul point reste encore à envisager. Dans quelle proportion vis-à-vis des autres organes le pancréas est-il frappé ? Si l'on s'en tenait à la première statistique de Birch-Hirschfeld qui, sur 23 cas de syphilis héréditaire, trouva 13 fois de la pancréatite, on aurait le droit de considérer cette altération comme très fréquente. Mais ce chiffre est celui d'une série exceptionnelle et Birsch-Hirschfeld lui-même (en 1880) donna une seconde statistique où sur 124 nouveau-nés syphilitiques il ne trouva que 29 fois de la pancréatite.

Ces données cadrent mieux avec la réalité, comme le montrent les moyennes des statistiques fournies par les autres auteurs. C'est ainsi que Wegner, sur 12 cas de fœtus syphilitiques, donne 2 fois le pancréas lésé, Muller, sur 8 cas, donne 3 fois le pancréas lésé, Mraezek (cité par Schlesinger), de 3 à 5 fois sur 19 nouveaux-nés, atteints de syphilis du cœur, et 3 fois dans 6 cas de syphilis de l'intestin, tandis que Kimla signale 9 fois cette altération sur 72 observations.

Le pancréas paraît donc venir en seconde ligne parmi les organes lésés par la syphilis héréditaire, il se classe après la rate, le foie, les os, les poumons, au même titre ou peut-être un peu avant le thymus, le cœur, l'intestin, les reins.

Telles sont les altérations que l'on peut rencontrer dans le pancréas des syphilitiques héréditaires.

Ces données anatomo-pathologiques ne se rapportant qu'à des fœtus mort-nés ou à des nouveau-nés ayant succombé peu de temps après leur naisance, n'auraient par elles-mêmes qu'une importance secondaire dans le domaine de la syphilis héréditaire si riche en faits et en conséquences. Mais à côté de ces cas ultimes, il en est d'autres où les organes sont moins lésés; et nombreux, ce sont les syphilitiques héréditaires qui, tout en présentant des altérations spécifiques indiscutables, n'en continuent pas moins à se développer et à vivre; or, dans une partie de ces cas, il est permis de supposer que le pancréas puisse être lésé d'une façon latente et de même qu'il existe des entérites infantiles provenant de cette cause, de même qu'il y a des myxœdèmes infantiles d'origine syphilitique; on est autorisé à se demander si certains cas de diabète survenant chez l'enfant et même chez l'adolescent ne relèvent pas précisément de la syphilis.

Dans son livre sur l'anatomie pathologique du foie et du pancréas, 1900, Lancereaux en particulier, cite des cas de diabète chez les adolescents, à l'autopsie desquels on remarqua une aplasie considérable du pancréas.

Il est peut-être permis de placer la syphilis en tête de l'étiologie de pareils faits, qui, de même que les entérites, seraient alors justiciables du traitement spécifique.

Pancréas d'Embryon à six semaines de gestation montrant le degré de développement du parenchyme pancréatique qui apparait plus abondant que dans la fig. II.

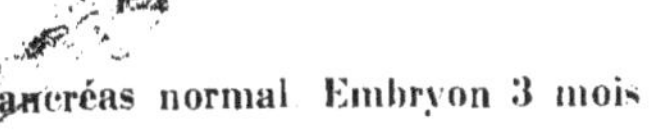

Pancréas normal Embryon 3 mois

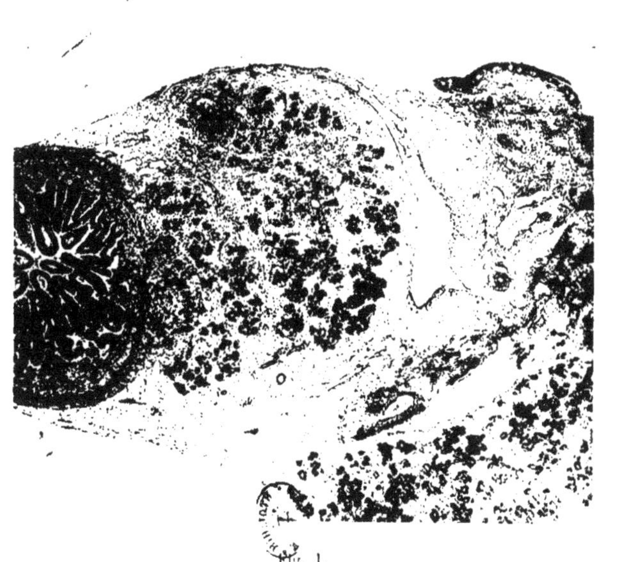

Fig. 1.

Pancréas de syphilitique héréditaire vu à un faible grossissement, montrant l'aspect lobulé du tissu conjonctif, et le tissu parenchymateux réduit presque exclusivement à des formations de canaux intercalaires. On peut voir également un îlot LANGERHANS assez volumineux.

Pancréatite syphilitique héréditaire

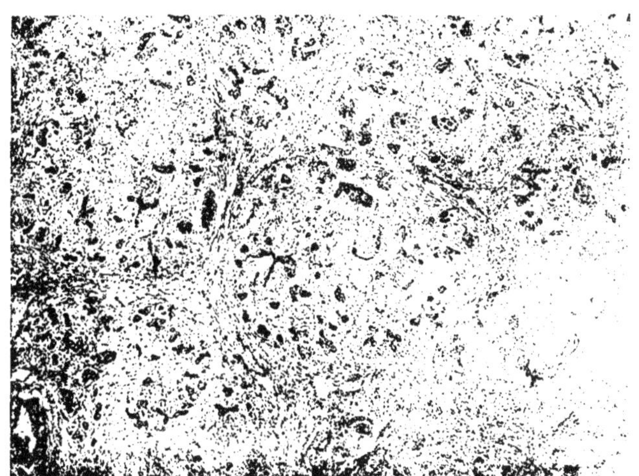

Fig. II. — Vue générale des causes.

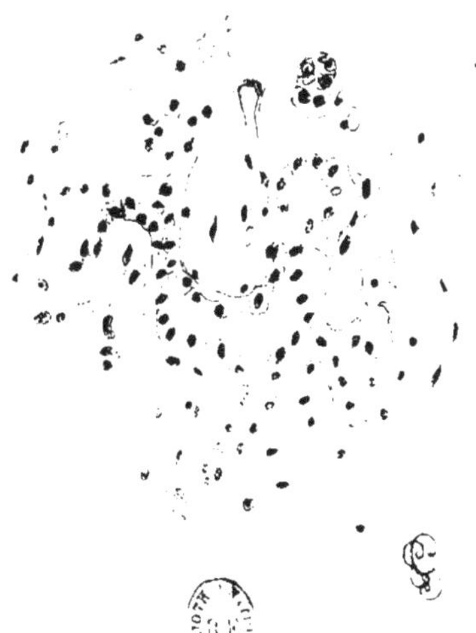

BIBLIOTHÈQUE NATIONALE RF

Fig. III. — Segmentation des canaux et acini par la sclérose.

Pancréatite syphilitique héréditaire

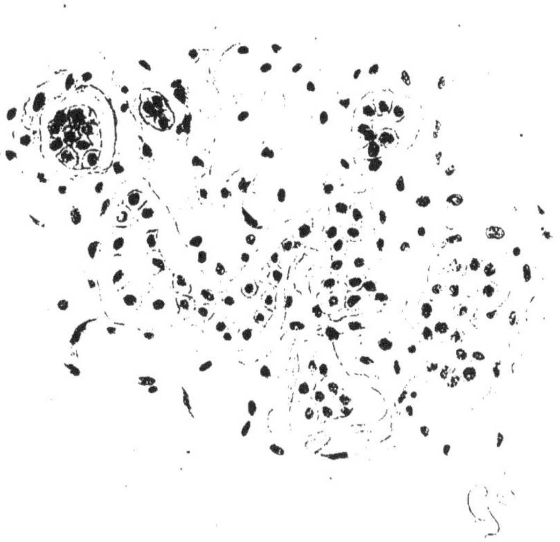

Fig. IV. — Segmentation des canaux et acini par la sclérose.

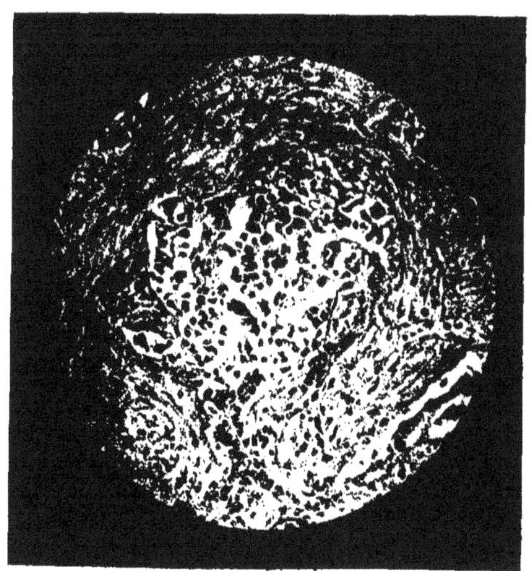

Fig. V. — Ilots de Langerhans et ses continuités canaliculaire.

PANCRÉATITE CHRONIQUE NON DIABÉTIQUE

ET

PANCRÉATITE CHRONIQUE DIABÉTIQUE

État du pancréas dans le cancer du duodenum

Observation faite en collaboration de M. Eloy

Bulletin de la Société Centrale du Nord, 1907.

Dans cette présentation, après avoir décrit l'état de la tumeur duodénale qui se présentait sous le type d'un épithélioma colloïde, nous insistâmes sur l'état du pancréas. Celui-ci était atteint d'une sclérose qui portait surtout sur les parties voisines du cancer, c'est-à-dire dans la tête du pancréas qui, par ce fait, a perdu sa lobulation.

Cette sclérose était surtout péri-canaliculaire.

Les canaux pancréatiques étaient, en effet, entourés par une prolifération abondante en tissu conjonctif fibrillé adulte. On remarquait en outre une sclérose inter-acineuse très développée surtout dans les régions sous-jacentes aux noyaux cancéreux. En ces endroits, les acini pancréatiques étaient plus petits que normalement et perdus dans une trame fibreuse de plus en plus développée.

Les îlots de Langerhans étaient plus développés et plus nombreux dans les régions juxta-cancéreuses qu'à l'état normal. Certains étaient même entourés par une collerette de tissu conjonctif mais peu encore développés.

On remarquait enfin à ce niveau des formes de transition plus abondantes que normalement. En outre, les artères nourricières de l'intestin étaient tromboséés.

Le corps et la queue du pancréas étaient normaux.

Études des formes d'évolution et d'involution des îlots de Langerhans

Dans les notes les suivantes, nous arrivons à l'étude même des évolutions et des transformations physiologiques du parenchyme pancréatique et nous commençons à indiquer déjà les différences histologiques fines que l'on constate dans les pancréatites diabétiques et non diabétiques. On verra, en effet, en parcourant les autres notes et mémoires que ce fut là notre principale préoccupation.

Note sur les formes d'évolution et d'involution des îlots de Langerhans dans les pancréas pathologiques

Congrès de Budapest, 1909 et *Écho Médical du Nord*, 1909.

Si les formes de transition des îlots de LANGERHANS, décrites depuis 1893 par M. le professeur LAGUESSE, sous le nom de déconstructions et reconstructions acineuses et appelées par nous formes acino-insulaires et insulo-acineuses, sont relativement délicates à observer dans les pancréas normaux, il n'en est pas de même lorsque l'on s'adresse à des pancréas pathologiques.

Lorsqu'on examine des pancréas de malades ayant succombé à une maladie stomacale (ulcère d'estomac, cancer d'estomac, ayant déterminé une périgastrite adhésive intéressant le pancréas) ou un cancer du duodénum ayant oblitéré le canal de WIRSUNG, lorsqu'enfin on étudie le pancréas d'individus morts à la suite d'une affection hépatique (cirrhose, cancer du foie, infection oblitération biliaire), on se rend compte, très facilement, que les acini pancréatiques sont en voie de transformation insulaire.

Non seulement, les îlots sont en grande partie plus développés qu'à l'état normal, mais leurs limites sont moins facilement appréciables, et, en certains points de leur périphérie, on aperçoit des calottes acineuses ayant perdu leur membrane basale du côté de l'îlot et se fusionnant avec celui-ci. Ces calottes acineuses sont alors reconnaissables par leur aspect sombre qui tranche sur la coloration claire des cellules insulaires.

De plus, il n'est pas rare d'observer près des îlots et seulement séparés de la masse insulaire par une membrane basale, des groupes acineux dont les cellules ont pris cette fois, l'aspect de cellules insulaires. Parfois même, quelques cellules possèdent encore l'aspect sombre de la cellule acineuse.

A côté de ces grands îlots, existe une foule de petits îlots d'un diamètre variant entre 60 μ et 100 μ.

Ces îlots qui ont la dimension de grands acini, ne sont souvent, comme le montre l'étude des coupes en série, que les expansions périphériques d'îlots plus considérables ou d'acini transformés ou se transformant en îlots et comparables à ceux décrits précédemment.

Si l'on fait une numération insulaire dans de tels pancréas, on voit que le nombre des îlots s'élève par millimètres carrés à 4, 5, 6, 8, alors que la moyenne normale est de 1 à 2.

De plus, il est des régions (et ceci s'observe dans les cas où une oblitération canaliculaire s'est formée) où il devient impossible de faire une numération exacte.

Il existe, en effet, dans de pareils cas, des plages de parenchyme de la grandeur d'un lobule pancréatique, où, à côté d'îlots véritable existe un nombre considérable d'acini en voie de transformation insulaire. Les limites de ces acini sont moins nettes, leurs cellules sont plus claires, leurs lumières ont disparu et les vaisseaux de ces régions sont ordinairement plus nombreux.

Des acini sombres se rencontrent encore en ces régions, mais, si quelques-uns ont encore conservé dans leur intégrité leur revêtement cellulaire sombre, la plus grande partie de ceux-ci montre une alternance de cellules sombres et claires, indiquant nettement ce phénomène évolutif.

Ces phénomènes se trouvent dans les pancréatites chroniques non diabétiques, et l'on pourrait même dire qu'en ces cas, il est extrêmement rare (sauf dans les régions très scléreuses) de trouver un îlot qui ne présente pas un grand nombre de continuité acineuse.

A côté de ces formes acino-insulaires, qui sont en surabondance dans ces pancréatites chroniques non diabétiques, à tel point que l'on pourrait en faire un type caractéristique, existent des formes contraires, c'est-à-dire des formes insulo-acineuses. Peu abondantes dans les pancréatites au début et se présentant alors en nombre sensiblement égal à celui de l'état normal, on les trouve de plus en plus nombreuses quand l'affection a été de longue durée.

Aussi, tandis que les formes précédentes acino-insulaires sont rares dans les pancréas diabétiques, ces formes insulo-aciniques sont extrêmement fréquentes.

Dans les cas de pancréatite diabétique due à une infection canaliculaire, là même où l'on rencontre des oblitérations ou des scléroses canaliculaires très avancées et de tout ordre, les formes insulo-acineuses abondent et constituent bien souvent la presque totalité du parenchyme pancréatique conservé.

Toutes les phases de cette évolution sont aisément perceptibles.

Ce sont, tout d'abord, de grandes agglomérations cellulaires d'un diamètre de 200 μ à 300 μ et même plus, et qui ont encore une organisation rappelant à s'y méprendre la structure de l'îlot de LANGERHANS.

Toutefois, et ceci est un fait capital, les cellules sont plus sombres, leurs formes, surtout en ce qui concerne celles de la périphérie, sont plus cylindriques, les vaisseaux enfin sont moins développés et même beaucoup moins perceptibles.

Parfois, tandis qu'un pôle d'un pareil groupement cellulaire présente encore la structure insulaire, un autre pôle est déjà constitué par des cellules acineuses et l'on peut suivre entre ces deux régions les évolutions graduelles de la cellule pancréatique.

D'autres fois, c'est une partie du pourtour insulaire qui montre le début de l'évolution vers l'acinus, et tandis que la partie centrale de l'îlot et une partie de l'îlot possèdent encore leurs caractères cellulaires (cellules claires), les régions périphériques sur la moitié ou trois quarts de leur pourtour présentent des cellules cylindriques à bases sombres.

A côté de ces formes de transitions insulo-acineuses relativement faciles à distinguer, il en est d'autres au sujet desquelles il serait difficile de se prononcer si l'étude des coupes en séries ne venait apporter leur sanction irréductible.

Ce sont les cas où l'on rencontre des groupements assez nettement circonscrits d'acini volumineux, se présentant sous l'aspect de feuilles de trèfle et possédant en leur intérieur un assez grand nombre de cellules centro-acineuses de **6 à 8**, par exemple.

Ces aspects histologiques ne sont autre chose que des formes de transition arrêtées dans leur évolution par la sclérose environnante.

Ici, les canaux intercalaires enserrés par la sclérose et bien souvent même oblitérés, n'ont pu venir se mettre en contact avec ces nouveaux acini. Aussi, ces formes restent-elles presque toujours dans un état intermédiaire compris entre l'îlot d'une part et l'acinus de l'autre.

L'étude de ces formes et transitions acino-insulaires et insulo-acineuses est intéressante à plusieurs points de vue.

Tout d'abord, elle nous montre que l'îlot de Langerhans, organe épithélial n'est pas immuable pendant toute la vie comme l'avait soutenu Diamare et tant d'autres à sa suite (voir à ce sujet le mémoire de Sauerbeck, notre thèse, la *Revue générale* de M. le professeur Laguesse), mais, au contraire, qu'il est assujetti à de très nombreux remaniements, à de perpétuelles transformations au cours de l'évolution de l'être humain.

Elle nous permet encore de saisir la différence qui existe entre les pancréas diabétiques et les pancréas non diabétiques.

Dans les pancréas non diabétiques, bien que nous ayons la même sclérose interlobulaire, intra-lobulaire, inter-acineuse et même par place, intra-acineuse, nous voyons un grand nombre d'îlots jeunes ou en extension, aptes à sécréter et à suppléer les îlots qui déjà ont pu être lésés.

Dans le diabète, au contraire, ces formes acino-insulaires ont disparu dans leur très grande partie pour ne pas dire dans leur entière totalité; presque seules existent les formes insulo-acineuses.

Aussi, nous rendons-nous compte qu'en ces cas, la sécrétion interne ne peut plus se faire d'une façon normale; les îlots, étant en voie d'évolution vers l'acinus, sont à la limite de leur fonction sécrétoire endocrine, et, si même des lésions scléreuses ou épithéliales insulaires ne paraissent pas suffisamment développées pour expliquer le trouble fonctionnel, cette « sénilité insulaire nous permet de comprendre avec grande facilité cette impuissance glandulaire fonctionnelle d'où résulte le diabète.

A propos des zones acineuses péri-insulaires

Communication à la *Société de Médecine du Nord*, 24 juillet 1908.

EN COLLABORATION DE M. PELISSIER

Dans l'étude de cette transformation du parenchyme acineux en parenchyme insulaire, recherche dans laquelle nous nous efforçons de saisir les moindres détails, il nous fut permis, chez un malade mort à la suite d'un cancer d'estomac de constater les premières phases dont voici d'ailleurs le compte rendu :

En 1899, JAROTSKY signalait, pour la première fois, l'état particulier des cellules acineuses péri-insulaires chez les animaux soumis au jeûne. Chez la souris à jeun, depuis des temps assez longs, les cellules du parenchyme les plus voisines de l'îlot (dit-il), prennent un aspect particulier. Cela consiste en une augmentation de volume de ces cellules et une forte accumulation de grains de zymogène. Elles en sont littéralement bourrées et après emploi de l'Eosine, les îlots semblent entourés d'une véritable ceinture rouge.

En 1902, étudiant le pancréas des ophidiens, notre maître, M. le professeur LAGUESSE (1) retrouva cette disposition « avec une grande régularité,
» dans des circonstances analogues à celles signalées par JAROTSKY. Sur cer-
» taines couleuvres à jeun depuis plus de quarante et un jour, dans la plupart
» des acini les grains de zymogène ne constituent plus qu'un semis apical
» très discret; ou sont dispersés en petit nombre dans tout l'élément. Au con-
» traire, au voisinage immédiat des îlots et à mesure qu'on s'en approche, ces
» grains augmentent rapidement de taille et de nombre si bien que la dernière
» rangée de cellules acineuses principales contiguë à l'îlot est généralement
» bourrée de gros grains remplissant le corps des éléments. »

Nous avons eu l'occasion de rencontrer cet état des cellules acineuses péri-insulaires dans un cas de pancréatite chronique au début chez un homme atteint de cancer d'estomac et mort quelques jours après avoir subi une résection pylorique suivie de gastro-entérostomie.

Dans les coupes prélevées dans différentes régions du pancréas et surtout sur celles provenant de segments fixés au ZENKER (2), chaque îlot se montre entouré par des acini disposés concentriquement à la périphérie et présentant les caractères spéciaux suivants :

Ces acini se distinguent immédiatement des acini voisins par leurs dimensions plus grandes, leurs limites plus nettes, leur coloration beaucoup plus vive. En effet, tandis que les cellules acineuses sont habituellement sombres, les cellules de ces zones péri-insulaires sont vivement colorées par l'acide picrique, ce qui donne au nodule acineux péri-insulaire une coloration jaune franc qui tranche sur le reste de la coupe. Ceci est d'autant plus accentué d'ailleurs que le protoplasma de ces cellules acineuses est plus développé que dans les cellules acineuses voisines et présente une large zone apicale d'une très grande électivité à l'égard des colorants picriqués.

(1) LAGUESSE. — *Revue générale d'Histologie* de RENAUT et REGAUT. — Le Pancreas, page 294. (Chapitre zones péri-insulaires).

(2) Ces formations sont perceptibles quel que soit le mode de fixation et de coloration employés, mais pour le pancréas humain nous estimons que le liquide de ZENKER nous donna toujours de meilleurs résultats que le FLEMMING, l'alcool, le formol, ou même le liquide de BOUIN et le bichromate acide.

Ces acini sont le plus souvent disposés sur trois ou quatre rangs très nets, puis peu à peu finissent par se confondre avec le parenchyme acineux voisin. Pourtant, comme dans le cas présent les îlots sont très nombreux, il n'est pas rare de voir ces zones se mettre en contact les unes avec les autres, se fusionner et former des plages plus ou moins vastes où chaque agglomération a perdu ses limites respectives.

La taille de l'îlot ne paraît pas avoir d'action appréciable sur le développement de ces zones, et nous les trouvons aussi bien autour des petits îlots de 60 à 80 μ de diamètre transversal, qu'à la périphérie des plus volumineux.

L'étude de ces zones acineuses péri-insulaires présente un intérêt particulier.

Si dans certaines coupes les cordons cellulaires de l'îlot sont nettement séparés de ces acini par une cloison amorphe, il existe certains points où cette membrane conjonctive a disparu. Cellules des zones et cellules insulaires sont maintenant en continuité immédiate sans qu'aucune membrane ne vienne les séparer. Seule leur coloration les distingue, la cellule insulaire étant toujours nettement plus claire. Il peut se faire que dans un même acinus plusieurs cellules soient devenues insulaires tandis que d'autres restent encore acineuses. Parfois même un acinus a subi en totalité la transformation insulaire, seule la cloison amorphe subsiste encore en partie et s'interpose entre cet acinus transformé et l'îlot proprement dit, marquant ainsi les limites respectives de chacun de ces groupes cellulaires.

D'autrefois enfin des cellules acineuses des zones ayant subi plus vite que d'autres l'évolution insulaire, puis s'étant mises en contact avec l'îlot arrivent à circonscrire dans une sorte de maille une ou deux acini qui, dès lors, font partie intégrante de l'îlot.

L'existence de ces zones péri-insulaires très développées dans ce pancréas humain suggère quelques réflexions.

Il y a, tout d'abord, au point de vue physiologique, une certaine ressemblance entre l'état fonctionnel du pancréas de ce malade et celui des animaux observés soit par JAROTSKY, soit par LAGUESSE. Atteint de sténose pylorique, avancée, vomissant depuis quelques mois la plus grande partie des aliments qu'il absorbait, ayant subi, six jours avant de mourir, une intervention chirurgicale qui l'avait obligé, en ces derniers jours, à observer un jeûne presqu'absolu, cet homme était en quelque sorte dans des conditions analogues à celles des animaux inanitiés observés par les auteurs précédents.

Or, tandis que la majorité des acini sont petits, et présentent des cellules rétractées et par conséquent vides de sécrétion, seuls ceux des régions péri-insulaires apparaissent bien développés et leurs cellules sont gonflées et par conséquent aptes à sécréter.

D'autre part, comme on peut suivre dans les coupes l'évolution de ces cellules péri-insulaires en cellules insulaires, il semble donc qu'il faille admettre non pas comme le pensait JAROTSKY que ces groupements glandulaires reçoivent une substance élaborée par les îlots, mais au contraire comme le pense LAGUESSE que ces zones acineuses au stade de leur complet développement :

« Conservent leurs grains de sécrétions, comme les îlots, dont la fonction » est continue même quand le tube digestif a suspendu les siennes. »

Les zones acineuses péri-insulaires en un mot, ne paraissent être que des réserves cellulaires qui peu à peu se transformeront en éléments insulaires.

De la présence d'acini à périphérie granuleuse dans les pancréas humains pathologiques

Communication à la *Société de Médecine du Nord*, séance du 24 juillet 1908.
Echo Médical du 9-23 août 1908.

Existe-t-il une sécrétion interne acineuse ? Les constatations suivantes pourraient le faire penser. Mais, en ce cas, cette sécrétion serait bien rare et bien minime puisque sur les 8 pancréas non diabétiques que nous venons d'étudier en ces derniers temps, nous ne pûmes rencontrer cet état glandulaire qu'une seule fois. Voici d'ailleurs la note :

A la dernière réunion de l'Association des Anatomistes, en mars (1908), M. LAGUESSE signalait, sans pouvoir leur assigner un rôle exact, la présence d'acini à périphérie granuleuse dans le pancréas humain normal : « Ceux-ci, écrivait-il, présentent les caractères suivants : La zone basale, sombre et striée, » a disparu, et avec elle par conséquent, l'ergastoplasme qui lui donnait » ces caractères. Le cystoplasme devenu plus clair, est parsemé de petits grains » arrondis, de même taille à peu près que les grains de zymogène, mais souvent » plus gros; les grains sont peu nombreux en certains éléments, assez serrés » en d'autres qui en sont sablés. Ils en remplissent alors toute la base et peuvent » de là, envahir le reste de la cellule, d'où les vacuoles contenant le zymogène » disparaissent plus ou moins complètement. Quand ils sont de taille variées, » les plus gros sont toujours vers la base. Ces grains ont des réactions diffé- » rentes de tous ceux que j'ai vus jusqu'ici chez l'homme. En effet, dans les » fragments dont il s'agit, fixés les uns au sublimé acétique, les autres au » bichromate acide de TELLYENICSKY, ni grains de zymogène, ni grains endo- » crines des îlots n'ont persisté. Au contraire, ceux dont il s'agit sont parfai- » tement colorés. »

En examinant ces temps derniers des coupes de pancréas humain atteint de canaliculite scléreuse consécutive à un cancer d'estomac, nous pûmes retrouver ces formations. Celles-ci se trouvaient dans des coupes provenant de fragments fixés au liquide de ZENKER (*acétique*) et colorées à la safranine chloroformique suivie de picro bleu diamine 2 B, suivant la technique décrite par notre Maître, M. le professeur CURTIS (1).

Sur une coupe de 18 millimètres de longueur sur 9 millimètres de largeur existaient deux groupes acineux chargés de grains colorés par la safranine alors que tous les autres éléments cellulaires tant exocrines qu'endocrines en étaient dépourvus.

Nous décrirons le plus important des deux groupes, l'autre formé par un acinus coupé transversalement présentait les mêmes caractères.

Le groupe principal est constitué par 6 acini qui comprennent un ensemble de 45 cellules et occupent une surface de 130 μ de diamètre longitudinal sur 88 μ de diamètre transversal. Colorées en rouge brique par la safranine chloroformique, ces granulations occupent la partie basale des cellules. Plus fines que ne le sont les grains de zymogène, elles forment une fine poussière qui, dans les cellules peu riches en grains, constitue une zone plus foncée dans le pied de la cellule et se dispose le plus souvent entre la base cellulaire et le noyau. Dans d'autres éléments, l'abondance des grains est telle que la cellule est envahie par cette substance grenue. Seul, le pôle apical en reste toujours dépourvu, et apparaît alors coloré en jaune par l'acide picrique.

Les cellules de ces acini sont diversement chargées de grains et l'on constate tous les intermédiaires entre la surcharge périphérique granuleuse proprement dite, jusqu'à l'imprégnation cellulaire totale.

Dans un même acinus, il peut arriver qu'à côté de cellules granuleuses, d'autres apparaissent totalement dépourvues de grains.

Les noyaux de ces cellules granuleuses occupent le plus souvent le centre de l'élément ou même le tiers apical. Nettement visible sur les cellules peu riches en grains, ils deviennent presqu'imperceptibles par suite de l'obscurcissement protoplasmique causé par la coloration de ces grains abondants.

Ces noyaux possèdent tantôt deux nucléoles, ou parfois un nucléole. Dans ce cas, la situation de ce dernier est le plus souvent périphérique.

Il nous est, pour le moment, impossible de déterminer la signification ou le rôle fonctionnel de ces acini granuleux. Ce ne sont pas, semble-t-il, des lésions dégénératives, car sur plus de trente pancréas pathologiques que nous avons coupés, c'est la première fois que nous rencontrons ces formations. De plus, sur ce même pancréas qui fut examiné en presque totalité, nous ne pûmes les rencontrer que sur quelques coupes et en amas très circonscrits, comme le montrent les diamètres donnés ci-dessus.

Enfin, ces granulations subsistent même à la suite de fixations faites vingt-six heures après la mort, alors qu'il est impossible de retrouver aucune

(1) Nous croyons qu'il est indispensable de se servir de cette technique pour mettre en évidence ces éléments granuleux, car nous ne pûmes jamais les déceler par d'autres procédés, même sur sur les coups appartenant à la série où nous les avons trouvés et prises en continuité immédiate.

trace de zymogène dans les acini ou de granulations endocrines dans les îlots.

Sont-ce des acini chargés d'élaborer une sécrétion interne particulière, ou simplement perturbés dans leur évolution insulaire ? Ces deux hypothèses, émises par M. LAGUESSE en avril dernier, n'ont pu jusqu'ici recevoir aucune sanction appréciable. En tout cas, l'existence de ces groupements acineux paraît être d'une extrême rareté.

Contribution à l'étude du pancréas dans le diabète pancréatique

Thèse de Doctorat soutenue le 20 juin 1905. Lille
et couronnée de la Médaille d'or.

Ce travail, fait au laboratoire d'anatomie pathologique, comprend 3 parties distinctes :

La première est une revue générale de toute la question anatomo-pathologique depuis le commencement du siècle dernier jusqu'au mois de juin 1905. On y trouvera exposée la théorie parenchymateuse du diabète maigre depuis LANCEREAUX et HANSEMANN, un résumé des travaux de M. le professeur LAGUESSE et de DIAMARE, puis les recherches récentes d'anatomie pathologique sur l'état du pancréas et au cours du diabète.

La seconde partie se rapporte à nos observations, étudiées en détail. Chaque pancréas ayant été coupé totalement de la queue à la tête et bien souvent en série.

Nous donnons in extenso, notre dernier chapitre qui résume notre opinion sur cette question, ainsi que les lésions constatées au cours de nos recherches.

Si nous reprenons maintenant les deux observations, nous voyons que les faits suivants méritent de nous arrêter.

1° Notre première observation a trait à un diabète maigre et vient se ranger parmi le grand nombre des cas analogues qui étayent la théorie de LANCEREAUX.

2° Notre seconde observation, au contraire, comporte un diabète gras et vient immédiatement infirmer l'opinion exclusive que la première semblait confirmer.

A ce sujet, nous avons cru intéressant de rassembler la plupart des cas de diabètes gras accompagnés de *lésions pancréatiques anatomiquement et histologiquement* constatées :

Ce sont : le cas de BAUMEL, 1882 ;

Celui de FLEINER, 1894 ;

7 observations de HANSEMANN, 1894 ;

3 de DELAMARE et THOINOT, 1904 ;

1 des deux qui nous sont personnels.

C'est donc un total de 13 cas et nous croyons que ce nombre est suffisant pour rendre dès maintenant inadmissible l'opinion qui met le diabète maigre seul dans la dépendance des lésions pancréatiques.

Il semble que le diabète, exception faite des cas d'origine nerveuse avérée, se rattache de plus en plus dans toutes ses autres formes à des altérations du pancréas.

Nous pensons donc qu'il n'y a plus lieu de maintenir au point de vue des localisations anatomiques la distinction longtemps admise en France d'un diabète gras et d'un diabète maigre, et il est infiniment probable qu'à mesure que les recherches anatomo-pathologiques deviendront plus complètes et plus précises, ces deux formes se rangeront dans un seul et même groupe.

Reprenons maintenant les lésions histologiques observées dans ces deux cas.

Observation I. — Dans celle-ci nous croyons devoir attirer l'attention particulièrement sur les faits suivants :

1° L'œdème interstitiel interlobulaire;

2° La sclérose et particulièrement sa forme intra-acineuse et ses aspects monocellulaires;

3° La rareté et l'état d'altération des îlots.

Pour ce qui est de l'*œdème*, nous rappellerons que l'on obtient des lésions tout à fait analogues à la suite de la ligature du canal thoracique.

Sur des animaux auxquels M. le professeur Wertheimer avait pratiqué cette opération, M. Laguesse nous a dit avoir observé une dissociation œdémateuse du tissu conjonctif, semblable en tout point, à celle existant en nos coupes.

Nous sommes donc en droit de croire que dans notre premier cas la sclérose périvasculaire canaliculaire de l'organe devait avoir entraîné des oblitérations plus ou moins étendues des voies lymphatiques intra-glandulaires d'où résulteraient la stase et l'œdème interstitiel.

Cet état anatomique n'est pas sans importance pour le rôle fonctionnel de l'organe.

S'il y a stase lymphatique, il y a probablement aussi stase sanguine capillaire et en tous cas ralentissement des échanges nutritifs qui doivent s'accomplir dans l'intimité du parenchyme glandulaire.

La sécrétion interne dépend au premier chef de ces échanges, et l'œdème que nous avons constaté nous apparaît ainsi comme le témoin anatomique d'une perturbation fonctionnelle indéniable, c'est-à-dire purement qualitative et invisible à nos investigations histologiques.

Ceci n'est pas sans importance et nous permet pour ainsi dire de préjuger de l'existence d'un trouble de la sécrétion interne.

2° La *sclérose*, dans sa forme générale ne ressemble pas à celle décrite par tous les auteurs, et dans son envahissement intra-acineux surtout, elle affecte des dispositions spéciales qui n'ont été décrites jusqu'ici que par Lemoine et Lannois.

Il est même étrange que, depuis ces auteurs, nul n'ait de nouveau signalé cette localisation, et nous nous demandons si elle n'aurait point passé inaperçue, par suite de la difficulté qu'il y a à rendre apparent par les colorants ordinaires les fines travées scléreuses qui pénètrent entre les cellules acineuses.

Nous sommes conduits à ces suppositions, par ce fait que ces détails histologiques avaient échappé à nos investigations tant que nous nous sommes servis de réactifs habituellement employés jusqu'ici en histologie. Ce n'est qu'en nous servant de méthodes nouvelles de coloration électives du conjonctif, introduites récemment dans la technique par M. CURTIS, que nous avons pu mettre en évidence avec une netteté frappante la dissociation scléreuse.

Comment se fait cette pénétration du tissu conjonctif dans l'acinus ? C'est un point qu'il nous a été difficile de résoudre. On pourrait dire que les aspects de sclérose monocellulaire ne sont que des apparences dues à des coupes obliques portant sur la calotte terminale d'un acinus. On rencontre, en effet, assez souvent dans les coupes de pancréas normal des cellules épithéliales au nombre de deux ou trois, quelquefois même isolées et qui sont entourées d'une membrane propre que l'on pourrait prendre pour un anneau de minces fibrilles. Nous signalons ce fait pour bien montrer que nous n'avons point commis cette erreur.

D'ailleurs, une étude plus minutieuse des coupes en séries suivies d'une manière continue a dissipé nos doutes et nous a convaincu de la réalité des aspects de sclérose monocellulaire.

La difficulté est de comprendre comment des fibrilles conjonctives finissent par pénétrer dans l'acinus pour le morceler.

On pourrait se demander tout d'abord, si un processus inflammatoire aigu peut être capable d'engendrer une prolifération conjonctive telle, qu'elle finisse par segmenter cellule à cellule l'acinus. Et la pensée se reporte instinctivement au processus de ce genre, que l'on observe dans le foie, principalement au cours des hépatites syphilitiques et infectieuses en général. Mais une objection se présente aussitôt : c'est que la travée hépatique n'est en rien comparable au tube glandulaire du pancréas. L'élément sécréteur du foie n'est pas séparé des vaisseaux ou des canalicules par une membrane propre qui l'isole du voisinage, et, dans ces conditions, la pénétration intercellulaire du conjonctif hépatique devient facilement compréhensible.

Ce n'est donc pas au foie que l'on peut comparer ce qui se passe ici dans le pancréas; mais bien plutôt les analogies doivent être cherchées du côté d'organes sécréteurs pourvus de tubes à parois propres et bien isolés, tels que le rein ou les glandes acineuses.

Que nous enseignent les processus scléreux qui évoluent dans de tels parenchymes ? Il faut reconnaître que nous ne trouvons ici rien de comparable à notre sclérose monocellulaire. Jamais dans un rein, dans une glande salivaire ou mammaire, on ne voit dans leurs stades les plus avancées, les lésions interstitielles décomposer les acini sécrétants. Dans le rein en particulier, les tubes peuvent s'atrophier, se réduire parfois à une ou deux rangées de cellules, mais les parois propres persistent et maintiennent la continuité de ces travées cellulaires.

D'ailleurs, nous devons ajouter qu'il n'existe dans notre cas aucune trace d'inflammation aiguë dont les progrès puissent être suivis et nous permettent de saisir sur le fait le mode de pénétration de la sclérose dans l'acinus. Si de pareilles altérations ont pu se produire, elles doivent dans notre cas remonter à un passé lointain et ne laissent plus trace de leur existence.

Nous avons cherché si dans l'anatomie normale du pancréas ne se présentait pas quelque particularité capable d'expliquer ce processus d'envahissement de la sclérose; et ici nous croyons devoir rappeler les dispositifs que M. le professeur Renaut a récemment signalés dans le pancréas des Ophidiens (Zamenis viridi-flavus. Tropidonotus natrix). Cet auteur démontre, en effet, la nature conjonctive de la limitante des acini et décrit en dedans d'elle une pellucide vitrée directement adhérente à l'épithélium.

Il admet, de plus, que de la membrane connective se détachent une série feuillets qui pénètrent dans l'interstice des cellules glandulaires pour venir par une bifurcation en Y ou en T se souder aux cellules centro-acineuses. Ce sont là les *feuillets pénétrants intra-acineux* de M. le professeur Renaut.

Des dispositions de ce genre offrent une singulière analogie avec les images que nous fournissent les coupes de notre sclérose monocellulaire et si elles existaient dans le pancréas humain, il serait bien tentant d'y voir comme le chemin tracé d'avance que suit dans notre cas l'envahissement conjonctif. Malheureusement, il nous a été impossible de retrouver dans le pancréas humain normal rien qui ressemble, même de loin, à ce que M. Renaut décrit dans le pancréas des Ophidiens.

On trouve bien par places des petits éperons se détachant de la propria et semblant pénétrer entre deux cellules épithéliales, mais il est facile de reconnaître que des sortes d'éperons ne sont que des petites cloisons de refend qui n'existent que là où un acinus d'une certaine dimension tend à se lobuler, ou se lobule effectivement. Et c'est, en effet, ce phénomène de lobulation qui paraît devoir être l'une au moins des causes du morcellement des acini au cours de la sclérose.

En effet, pour toutes les raisons générales que nous venons d'exposer, bien plus encore par l'examen direct de nos coupes, il nous est impossible d'admettre comme on pourrait se le figurer d'après les descriptions de Lemoine et Lannois, une simple pénétration d'emblée de fibrilles néoformées dans le tube sécréteur. L'existence de petites cloisons intercellulaires au point de lobulation des acini normaux, leur bifurcation en T ou en Y au voisinage de la lumière, toutes dispositions qui, dans notre cas, se reproduisent sous les mêmes aspects, mais avec une fréquence infiniment plus grande, nous font penser qu'à l'état pathologique les dispositions de la sclérose monocellulaire doivent être dues tout d'abord à une *exagération du phénomène normal de la lobulation acinique.* — Dans l'organe malade, l'acinus glandulaire se divise, croyons-nous, de plus en plus, se segmente par des petites cloisons de refend nombreuses, analogues à celles que l'on peut observer à l'état normal, et qui finissent par réduire progressivement le volume des culs-de-sac sécréteurs.

Si c'est bien là le processus réel, les acini dans notre pancréas pathologique, devront paraître de dimensions en général plus réduites; or, c'est précisément ce que l'observation constate et ce que le tableau que nous avons dressé établit d'une manière irrécusable.

Une autre preuve de la réalité de ce processus, c'est la rareté, souvent même l'absence totale des cellules centro-acineuses. Il est, en effet évident, d'après ce que nous voyons sur un pancréas normal, que plus les acini sécréteurs deviennent petits, moins on aura de chance à trouver à leur intérieur la tige centro-acineuse.

Il existe constamment dans le pancréas normal des petits acini formés de 3 à 4 cellules, et dans ceux-là précisément, les cellules centro-acineuses font défaut. C'est justement ce que l'on trouve dans notre pancréas pathologique. Les acini de 3 à 4 cellules sont pour ainsi dire prédominants, et c'est de l'abondance de ces tout petits acini que résulte la rareté des centro-acineuses.

C'est secondairement, lorsque cette lobulation de plus en plus accentuée s'est produite, réduisant parfois un acinus à des groupes de deux ou trois cellules que des fibrilles conjonctives se forment à l'intérieur des lames amorphes de la propria qu'elles viennent renforcer et épaissir irrégulièrement par places.

On s'explique facilement ainsi comment se produit la décomposition finale de l'acinus dans laquelle, en somme, l'excès de lobulation joue le rôle principal. C'est d'ailleurs là un processus qui, au point de vue de la pathologie générale, ne doit pas nous surprendre, car il répond à une sorte de loi de compensation physiologique.

Que fait un organe pour augmenter de plus en plus ses surfaces de sécrétions actives ? Il se segmente et se divise en unités de plus en plus petites et de plus en plus nombreuses. Or, c'est ce que nous observons dans notre cas, et il semble en quelque sorte que le pancréas dans sa réaction pathologique s'efforce à parer à l'insuffisance de son parenchyme lésé par la multiplication et par conséquent la lobulation excessive des acini.

Il y a donc dans cette transformation de l'organe une sorte de double processus scléreux. Une sclérose qu'on pourrait appeler la sclérose amorphe; multiplication des petites cloisons de refend issues des membranes basales accompagnant la segmentation lobulaire de plus en plus réduite; d'autre part, la sclérose fibrillaire par néoformation de véritables fibrilles connectives se développant dans les cloisons amorphes préformées qui tracent pour ainsi dire le chemin à l'envahissement fibrillaire.

La lobulation excessive et la multiplication de membranes amorphes représentent une sorte d'effort de la glande pour parer à son insuffisance fonctionnelle; la néoformation fibrillaire au contraire est la véritable réaction pathologique devant aboutir à l'étouffement de l'élément épithélial.

Il serait donc tout à fait faux, comme on le voit, de comparer la sclérose du pancréas dans le cas présent aux scléroses interépithéliales et monocellulaires telles qu'on les voit dans le foie. Nous insistons sur ce point, car cette comparaison pourrait pour certains lecteurs se dégager de la description donnée par Lemoine et Lannois et conduire ainsi à une compréhension tout à fait erronée des phénomènes.

C'est pour ces raisons que nous nous demandons même s'il est prudent d'appliquer à ce genre d'altérations le terme de sclérose monocellulaire qui implique précisément un processus d'envahissement de l'acinus et de morcellement d'emblée que nous nions formellement.

Nous nous demandons si un terme résumant la marche du processus et les dispositions anatomiques ne serait pas préférable. Nous proposerions par exemple de désigner les présentes altérations sous le nom de « Sclérose amorphe dissociante » ou « Sclérose amorphe fibrillogène disséquante ».

Ilots. — Nous ne reviendrons pas sur les différentes altérations que nous avons décrites dans notre examen histologique et nous voulons seulement relever quelques détails qui nous paraissent principalement intéressants au point de vue pathogénique.

Le premier fait qui frappe dans l'examen de notre pancréas I est le petit nombre des îlots.

Nous trouvons en général une moyenne de 0,58 à 0,60 d'îlot au lieu de 1 par millimètre carré, ce qui fait environ une réduction de 50 % de ces organites sur l'état normal. Exactement 0,48.

N'existerait-il que cette modification, qu'elle serait déjà d'une grande importance pour le rôle et la signification fonctionnelle de ces îlots épithéliaux. Car il serait bien peu logique d'admettre que la coïncidence d'un syndrome diabétique et d'une réduction de moitié des éléments endocrines soit un simple fait de hasard. Un certain nombre d'îlots, nous objectera-t-on, paraissent à peu près intacts dans notre pancréas, mais nous ferons remarquer qu'il en est aussi beaucoup et c'est la grande majorité, qui sont évidemment lésés. Dans le corps et la queue tous sont atteints (Dégénérescence graisseuse, hyaline, sclérose), et ce n'est que dans la tête où l'on en rencontre quelques-uns paraissant normaux. D'ailleurs, il ne faut pas oublier que ces organites épithéliaux peuvent, tout en paraissant objectivement intacts, être frappés d'altérations purement qualitatives et fonctionnelles qui échappent aux investigations microscopiques.

En outre, nous ferons remarquer que si l'on trouve ces quelques rares îlots d'apparence normale, il est toutefois impossible de rencontrer les formes d'hypertrophie insulaires décrites par certains auteurs et que nous signalons nous-même dans le cas 2. Formes que l'on pourrait considérer comme une sorte d'hypertrophie compensatrice au tissu endocrine.

De quelque manière donc que l'on envisage les choses, nous pouvons affirmer qu'il existe ici une insuffisance incontestable du tissu endocrine.

Nous devons encore nous arrêter quelque peu au sujet de l'origine de la dégénérescence hyaline.

Deux opinions, en effet, sont en présence; les unes avec Opie et surtout Wright et Joslin attribuent à cette substance une origine épithéliale; d'autres avec Hansemann la font dériver du tissu conjonctif péricapillaire.

D'après nos recherches, il est certain que les deux modes existent. Les partisans de l'origine périvasculaire ont raison en ce sens que c'est bien autour des capillaires et dans les membranes basales de ceux-ci que débutent les phénomènes de dégénérescence. Mais il n'en est pas moins vrai que lorsque l'altération a atteint un certain degré d'intensité, elle peut s'étendre aux éléments épithéliaux et nous avons reproduit de ces blocs hyalins dont l'origine cellulaire est indéniable, attendu qu'ils laissent encore voir dans la masse homogène les vestiges des éléments qui, par leur coalescence et leur transformation vitrée, se sont fusionnés.

Observation II. — En ce qui concerne l'état histologique de ce cas nous rappellerons :

1° La topographie de la sclérose;
2° L'état des îlots;
3° L'état du parenchyme.

1° *Sclérose.* — La sclérose dans notre cas 2 réalise exactement les dispositions décrites par les auteurs sous le nom Sclérose interlobulaire et interacineuse (Opie). Nous ne retrouvons ici rien de comparable à cette dissociation de l'acinus dont l'interprétation était si difficile dans notre premier cas. Aussi loin qu'aille l'hypertrophie interstitielle, elle n'aboutit qu'à l'enclavement d'un acinus sans pénétration intra-acinique.

Le cas présent diffère encore par un autre point.

La sclérose, en effet, n'y est pas exclusivement sous la forme chronique, elle s'accompagne par places de petites infiltrations leucocytaires, surtout de petits foyers de cellules plasmatiques, indices de la persistance d'un léger processus aigu en voie d'évolution.

Nous signalons particulièrement comme conséquence de cette sclérose l'état cohérent de l'organe, la disparition de la lobulation et les altérations canaliculaires (oblitérations, ectasies, dilatations kystiques).

Ilots. — Les îlots ne sont pas à vrai dire diminués de nombre, mais l'état de leurs éléments est loin de répondre à la normale. Ce qu'il y a de remarquable, c'est l'état de dégénérescence graisseuse du tissu endocrine qui atteint un haut degré d'intensité dans sa généralisation. Nous n'ignorons pas que, normalement, les granulations graisseuses peuvent se rencontrer dans les cellules insulaires, comme l'ont fait remarquer avec juste raison WEICHSELBAUM, STANGL et d'autres. Nous avons nous-mêmes étudié par comparaison des pancréas normaux et si dans ceux-ci l'état graisseux des îlots nous est parfois apparu, il ne s'est jamais montré du moins tel que nous l'observons dans notre pancréas pathologique.

Si l'on se reporte, en effet, à notre description du cas 2 et à la figure III, on pourra se rendre compte qu'il ne s'agit pas d'une surcharge graisseuse accidentelle et disséminée de l'épithélium; mais d'une véritable dégénérescence graisseuse très avancée qui frappe presque tous les îlots dans toute l'étendue de nos coupes.

Nous n'hésitons pas à déclarer pathologique une transformation graisseuse aussi prononcée et aussi étendue des îlots de LANGERHANS.

Un fait surprend, c'est la dimension considérable de beaucoup d'îlots. Il semblerait à première vue qu'en présence de cette sorte d'hypertrophie du tissu endocrine on serait mal venu d'invoquer son insuffisance fonctionnelle. Nous ferons remarquer, toutefois, que précisément ces îlots hypertrophiés, et même surtout ceux-ci sont le siège de prédilection de la dégénérescence graisseuse et que, par conséquent, malgré leur volume, ils sont sans aucun doute inaptes à remplir leur rôle sécréteur.

D'ailleurs, si les îlots dans le présent cas sont loin d'être scléreux comme dans le cas 1, ils offrent cependant en outre de la dégénérescence graisseuse une altération reconnue par tous comme pathologique; « la dégénérescence hyaline » nous pourrons donc nous dispenser de revenir sur ce point.

Nous croyons devoir aussi attirer l'attention sur certaines dispositions qui, dans notre cas 2, simulent les transformations consécutives à la ligature du canal pancréatique.

On y voit une véritable disjonction des tissus *exo et endocrines*. Ce dernier persistant pour ainsi dire seul à l'état de grosse masse épithéliale enclavée dans du tissu conjonctif de néoformation.

Ces îlots hypertrophiés sont, toutefois, à l'état de dégénération graisseuse et hyaline.

Cette disparition en certains points des acini et la persistance seule de ces gros îlots accompagnés de petits canalicules indifférents sont évidemment en rapport intime avec les oblitérations canaliculaires constatées et indiquent qu'il s'agit d'une sclérose très ancienne. Ce que confirme aussi l'envahissement adipeux; phénomène ordinairement lié aux oblitérations expérimentales du conduit de WIRSUNG.

Parenchyme. — Nous ne reviendrons pas sur les détails des altération histologiques des épithéliums sécréteurs.

Nous croyons, au contraire, devoir nous arrêter aux formes de transition entre l'acinus et l'îlot qui sont nombreuses.

Elles existent sous deux formes, tantôt ce sont des îlots qui présentent sur leurs bords des amas de cellules cylindriques, plus sombres, plus petites parfois disposées en palissades régulières à la périphérie. Toutes disposition, que M. Laguesse considère comme une transformation de l'îlot vers l'acinus.

Beaucoup plus nombreux sont les groupements de cellules sur la nature desquels on hésite à première vue et qu'après le plus soigneux examen on ne peut classer ni dans la catégorie des acini ni dans celle des îlots. Ce sont tantôt des amas cellulaires arrondis· bilobés ou même en feuille de trèfle, paraissant isolés du voisinage, et formés d'éléments qui, en grande partie ont perdu le groupement acineux. Ils ne se disposent plus autour d'une lumière et prennent en beaucoup de points une transparence plus grande et des formes polyédriques qui les rapprochent des cellules de l'îlot.

Il n'est pas rare de voir certains amas de cellules ayant déjà tous les caractères de l'élément endocrine se mettre en contiguité directe avec d'autres qui présentent encore les caractères de la cellule acineuse.

On trouve ainsi parfois des espèces de pseudo-îlots, portant en deux ou trois points de leur périphérie des cordons de cellules qui se chargent de granulations, se disposent autour d'une lumière et se continuent véritablement avec du tissu acineux.

Ce sont là évidemment des formes d'évolution de l'acinus vers l'îlot où comme l'appelle M. Laguesse de *déconstruction acinique.* Elles sont fréquentes dans notre pancréas et bien des régions donnent réellement l'impression d'une poussée évolutive de l'acinus vers l'îlot comme si le parenchyme acineux tendait à s'efforcer, sans pouvoir y parvenir toutefois, à recréer le tissu endocrine devenu insuffisant.

Dans un récent travail de Karakascheff, certaines transformations des îlots sont signalées en très grande abondance, et nous nous demandons si cet auteur, guidé par quelque idée *a priori*, n'a pas observé en les désignant sous d'autres noms des productions semblables à celles que nous venons de signaler.

Il est difficile de se prononcer sur ce point, car les descriptions de Karakascheff et surtout ses figures paraissent se prêter à des interprétations diverses.

La constance avec laquelle l'auteur retrouve dans *tous* ses 11 cas les formes particulières qu'il désigne sous le nom « d'îlots en proliférations » qu'il décrit partout avec les mêmes caractères et les mêmes dispositions nous met quelque peu en garde, et nous fait demander si involontairement il n'aurait pas cédé à quelque idée théorique préconçue; celle même qui forme la conclusion de son travail, à savoir que les îlots sont des éléments de réserve pour le parenchyme sécréteur.

Le travail, d'ailleurs, de Karakascheff nous paraît entaché de quelques erreurs de technique. C'est ainsi que l'auteur affirme avoir vu du zymogène sur différents pancréas cadavériques fixés au Formol-Muller entre 24 et 36 heures après la mort, alors que d'après notre expérience le zymogène ne peut être vu que sur des pancréas frais fixés dans des solutions osmiques fortes comme l'a démontré M. Laguesse.

Nous n'avons, pour notre part, jamais observé de zymogène dans les conditions indiquées par Karakascheff. Tout ce que l'on voit sur des pancréas d'autopsie au Formol-Muller, ce sont les fines granulations qui normalement obscurcissent la cellule pancréatique mais non pas les grains volumineux du zymogène à position apicale.

Quoi qu'il en soit, et à en juger surtout par les figures du mémoire de Karakascheff, nous ne sommes pas éloignés de croire que ces îlots proliférés (Gewuchert) ne sont en grande partie que des formes d'*évolutions* et de *déconstructions* aciniques.

Si cette remarque était exacte, le travail de Karakascheff, loin de se trouver en contradiction avec nos observations, viendrait au contraire leur fournir un appui.

Pathogénie

Au terme de la discussion de nos deux observations, il nous reste à aborder la question, ardue entre toutes, de la nature exacte des lésions qui déterminent le syndrome diabétique.

Sur ce point, les idées que les pathologistes ont jusqu'ici émises sont loin d'être concordantes et il nous a paru utile de faire pour ainsi dire comparaître devant l'ensemble des faits anatomo-cliniques les conceptions quelque peu théoriques qui dominent actuellement ce chapitre de pathogénie.

Un pareil travail aurait nécessité de notre part une enquête et des recherches bibliographiques considérables. Nous avons bien accompli une partie de cette tâche; mais il nous eut été difficile de la parfaire si tout récemment un auteur allemand, Sauerbeck, ne nous avait fourni pour ainsi dire tous les éléments mêmes de la discussion.

Jusqu'à présent, en effet, les interprétations des pathologistes se sont attachées, soit aux altérations du parenchyme sécréteur, soit à celles des parties épithéliales considérées comme pourvues de propriétés endocrines : les îlots de Langerhans.

Il résulte de là que, d'une part les uns avec Lancereaux 1877-1900, Hansemann 1894, etc., ont cherché tout d'abord l'origine du diabète dans les modifications du parenchyme proprement dit, tandis que, plus récemment, les autres ne veulent retenir que les modifications insulaires.

Il s'ensuit que l'on peut, au point de vue de la pathogénie du diabète, dire qu'il règne actuellement en pathologie deux idées quelque peu opposées, l'une rattachant tout au parenchyme, l'autre tout aux îlots de LANGERHANS. De là, deux théories. L'ancienne, qu'on pourrait appeler théorie du parenchyme. La plus moderne, la théorie des îlots.

Cette dernière conception elle-même peut subir une double interprétation suivant qu'avec la majorité des pathologistes on se rattache aux idées anatomiques de fixité émises par DIAMARE ou à celles de variabilité soutenues par LAGUESSE.

La théorie pathogénique des îlots se subdivise donc en deux. La première se fonde sur la perennité des îlots, la seconde s'appuie sur la variabilité ou le balancement physiologie des îlots.

Les opinions peuvent se résumer d'après le schéma suivant :

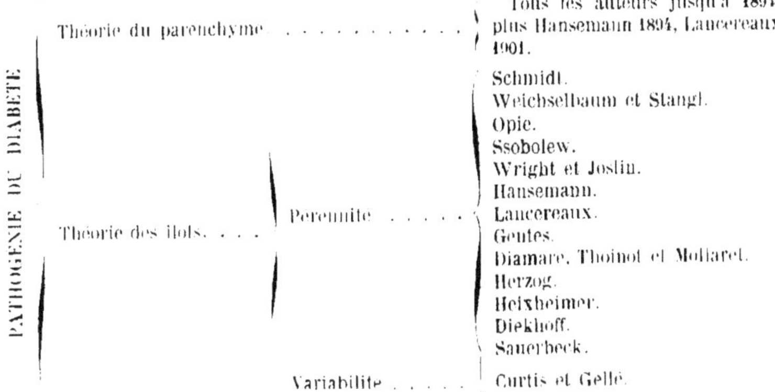

Voyons donc ce que disent les faits en présence de ces diverses théories.

SAUERBECK, dans son mémoire, rassemble 116 cas de diabète pancréatique, dont 17 personnels, auxquels nous ajoutons nous-même 21 cas, tant nôtres que ceux parus dans cette dernière année 1904-1905. (Cas de THOINOT et DELAMARE, 1; LANCEREAUX, 1; KARAKASCHEFF, 11; les nôtres, 2). Ce qui porte à 137 le nombre total des cas de diabète pancréatique avec examen anatomo-histologique complet publiés jusqu'à ce jour.

Cet auteur a eu l'ingénieuse idée de classer l'ensemble de ces cas en tenant compte des altérations simultanées des îlots et du parenchyme. Groupant tous les cas d'après le degré croissant des lésions insulaires et les degrés décroissants des lésions parenchymateuses, il a ainsi réparti la majorité des observations en 9 catégories qu'il résume dans un tableau schématique où chaque classe occupe une colone verticale.

Nous ne pouvons mieux faire que de renvoyer le lecteur à cet intéressant travail pour tout ce qui concerne les détails. (Indications bibliographiques de chaque observation).

Sauerbeck dresse ainsi ce que l'on pourrait appeler la courbe de probabilité relative de la théorie du parenchyme et des îlots en se plaçant au point de vue de la *pérennité des îlots* (Diamare).

Au lieu de reproduire intégralement le tableau de Sauerbeck dans lequel la courbe ressort non d'un tracé, mais d'une simple disposition typographique, nous avons cru préférable de schématiser davantage les éléments statistiques de cet auteur et de traduire son tableau par une courbe effective dont les ordonnées représentent précisément le nombre des cas qui se rangent dans chacune des colonnes verticales répondant aux divers degrés d'altération de l'organe.

Nous arriverons ainsi au schéma ci-contre :

Nous donnons dans ce tableau, tiré du mémoire de Sauerbeck et complété des cas récents de Thoinot et Delamare (4 cas), Lancereaux (4), Karakascheff (11), ainsi que les nôtres (2), le résumé des observations parues jusqu'à ce jour. Nous avons cru inutile de répéter ici le nom de chaque auteur pour chacun des cas. Ceux-ci ayant été minutieusement notés par Sauerbeck dans ses deux intéressants mémoires en 1904.

Nous rangeons dans ces diverses classes les cas de Karakascheff, en comptant comme altérés les îlots qui, dans les observations de cet auteur, sont désignés en voie de prolifération.

Examinons maintenant la courbe dressée par Sauerbeck et remaniée par l'addition des observations parues depuis.

Si nous prenons la première colonne nous voyons tout d'abord un certain nombre de cas dans lesquels n'existait aucune lésion du pancréas et où d'autre part aucun organe ne présentait d'altérations susceptibles d'expliquer l'origine du diabète.

Cette particularité ne peut nous surprendre, nous sommes ici de l'avis de Sauerbeck et nous faisons remarquer que ces cas sans substratum anatomique répondent aux faits, aujourd'hui admis par tous les pathologistes, de diabète fonctionnel.

Non seulement le trouble de la fonction peut siéger dans un organe quelconque, « diabète par insuffisance hépatique, trouble nerveux », mais on peut parfaitement admettre avec Sauerbeck que ce trouble siège peut-être dans les îlots du pancréas où rien de visible ne le révèle. De sorte que ces observations sans lésions anatomiques ne prouvent rien contre la probabilité de la théorie insulaire.

Sur ce point, le raisonnement de Sauerbeck nous paraît exact; mais nous ne pouvons en dire autant dans la suite de sa discussion au sujet de la statistique qu'il dresse.

En effet, si la théorie de parenchyme est exacte, dit-il, la majorité des cas de diabète avec lésions du parenchyme devra se grouper dans les colonnes

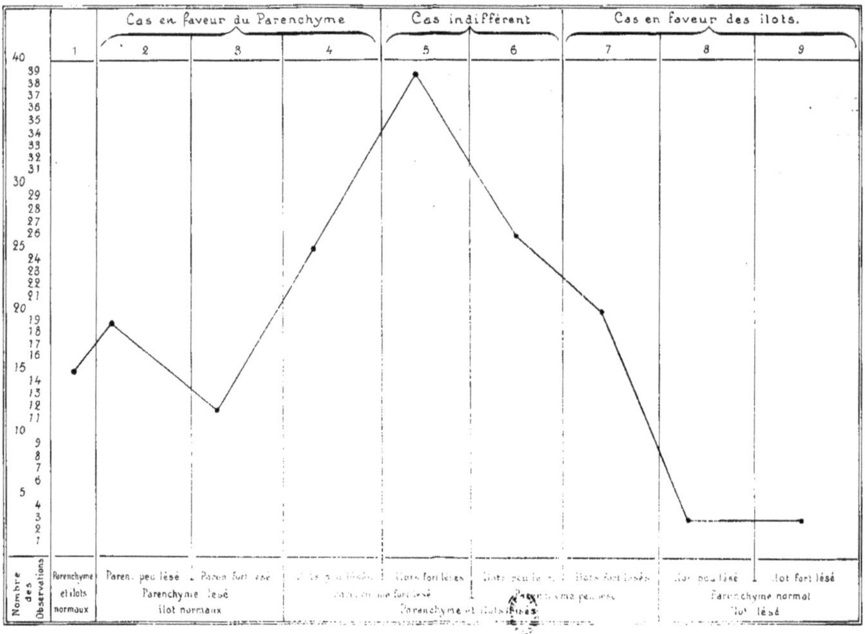

Cas en faveur du Parenchyme | Cas indifférent | Cas en faveur des ilots.

1 2 3 4 5 6 7 8 9

Nombre des Observations

Parenchyme et ilots normaux

Paren. peu lésé | Paren fort lésé

Parenchyme lésé ilot normaux

Ilots fort lésés

Parenchyme et ilots lésés

Ilots fort lésés

Ilot peu lésé | Ilot fort lésé

Parenchyme normal Ilot lésé

2 et 3 du tableau ci-dessus et le sommet de la courbe devra répondre environ à la colonne 3 ou tout au plus à la colonne 4.

Si, au contraire, la théorie des îlots est vraie, les cas de diabète à lésions pancréatiques devraient, d'après l'auteur, augmenter en nombre de la colonne 2 à la colonne 9 et donner dans leur succession une sorte de courbe parabolique à sommet correspondant à la colonne 8 ou 9.

En réalité, le total des cas établis comme le fait cet auteur donne une courbe dont le sommet se rapproche il est vrai des dernières colonnes du tableau.

La plus grande partie des cas s'ascumule dans la colonne 5 (îlot et parenchyme fortement lésés), et Sauerbeck voit en ce fait une démonstration de l'exactitude de la théorie des îlots.

Nous ne partageons pas entièrement à ce sujet les opinions de l'auteur et il nous semble que la statistique appréciée de la manière dont le fait Sauerbeck est sujette à quelques critiques. Cet auteur oublie, en effet, dans l'appréciation de ses différentes rubriques, de tenir compte de ce que les mathématiciens appellent « *La probabilité à priori d'un fait* ».

En dehors de toute conception théorique sur le rôle du parenchyme ou des îlots dans le diabète, chacune des catégories établies par Sauerbeck présente en effet avant toute discussion une *probabilité spéciale* qui lui est propre.

Il est évident que les divers groupes d'un tableau ont par eux-mêmes une probabilité de réalisation très relative. C'est ainsi que la combinaison « îlots lésés, parenchyme normal », exigera des circonstances anatomiques tout à fait exceptionnelles pour se réaliser. De même la combinaison inverse « parenchyme modifié et îlots normaux » sera par cela même tout aussi rare, étant donné que l'on prend les cas diabétiques.

Si l'on tient compte de ce fait que les lésions de l'îlot sont dans une certaine mesure subordonnées à celles du parenchyme et que plus l'une se développe, plus il y aura de chances de rencontrer les autres, on se rendra compte que les diverses combinaisons du tableau de Sauerbeck ont beaucoup de chances de se réaliser avec la fréquence relative que précisément sa courbe indique.

Il n'est donc pas exact de dire que si la théorie des îlots était vraie, la majorité des cas de diabète à lésion pancréatique devrait venir se ranger dans la catégorie 8 et 9. « *Ilot lésé et parenchyme normal* ». Jamais cette éventualité ne pourrait se réaliser en raison de la probabilité excessivement faible *a priori* des combinaisons des lésions supposées. Que la théorie des îlots soit fausse ou vraie, la majorité des cas devra toujours se grouper là où se trouvent les combinaisons pathologiques les plus probables, c'est-à-dire dans les colonnes 4 et 5.

Etant donné cette critique, nous nous demandons si c'est bien par cette méthode d'estimation d'une courbe et par la recherche de son point culminant que l'on peut juger raisonnablement cette question.

Ce n'est pas des inflexions de la courbe de probabilité que le problème dépend, mais bien des aires qu'elle limite.

Si, en d'autres termes, on attribue à chaque observation une surface déterminée, ce sera la somme de celles-ci, c'est-à-dire le nombre des cas compris entre les abcisses dont il faudra tenir compte.

En effet, si au lieu de suivre simplement la courbe de probabilité et d'en chercher le point culminant on établit simplement la balance des cas favorables ou défavorables à la théorie des îlots, on est tout surpris d'arriver par la statistique de Sauerbeck à des résultats différents de ceux de l'auteur.

Voyons, en effet, dans les diverses catégories statistiques comment la balance se fait.

En faveur des îlots on ne peut véritablement invoquer que les cas qui se rangent dans les colonnes 7, 8, 9. « Ilot fort lésé, parenchyme peu lésé, îlot peu ou fort lésé, parenchyme normal ».

A partir de la colonne 6 « *îlot faiblement lésé, parenchyme faiblement lésé* » nous n'avons même plus le droit d'invoquer plutôt l'altération de l'îlot que celle du parenchyme.

Le décompte ainsi fait nous donne :

27 cas en faveur de la théorie insulaire.

Dans les colonnes 5 et 6, le parenchyme étant lésé au même degré que l'îlot, on peut indifféremment soutenir que ces cas sont en faveur soit de la théorie insulaire ou de l'ancienne théorie parenchymateuse. Nous trouvons alors dans ces deux groupements 65 observations que l'on pourrait dénommer cas indifférents.

Enfin, à partir de la colonne 4 « ilot peu lésé, parenchyme très lésé », la balance commence à pencher en faveur de l'ancienne théorie du parenchyme. 56 cas nous apportent ici leur témoignage.

En résumé, il ressort de la statistique de Sauerbeck, augmentée par nous, que les cas connus actuellement de diabète pancréatique avec examen histologique complet se répartissent en :

56 cas favorables à l'ancienne théorie du parenchyme ;

65 cas différents ;

27 cas favorables à la théorie insulaire.

Si nous supposons que sur les 65 cas indifférents la moitié se répartisse de part et d'autre (et nous n'avons pas le droit *a priori* de supposer une autre répartition puisque les cas sont neutres), on aura tout au plus 55 en faveur de la théorie insulaire contre 88,5 en faveur de la théorie du parenchyme. On voit donc que si l'on voulait s'en tenir à ces chiffres, on arriverait à démontrer l'inverse de ce que semble établir la courbe de Sauerbeck.

Mais ce paradoxe n'a rien qui puisse nous embarrasser. Par suite des considérations *de probabilité a priori* que nous avons exposées plus haut, nous croyons que les groupements obtenus ne pouvaient être différents.

Le décompte exact des cas n'a qu'une importance relative dans la question présente et le poids des observations a infiniment plus de valeur que leur nombre.

A notre avis, n'y eut-il qu'une seule observation authentique et bien constatée de diabète avec intégrité totale du parenchyme et lésion exclusive des îlots, celle-ci entraînerait à elle seule notre conviction en faveur de la théorie insulaire. Or, ce n'est pas une osbervation de ce genre que nous possédons, mais 6 (colonnes 8 et 9 de SAUERBECK) et ces 6 réunies pèsent plus dans la balance que la somme de toutes les autres. Nous attirons particulièrement l'attention sur les observations de SAUERBECK, 2 et 3, DIECKOF (citée par SAUERBECK) et de SSOBOLEW, SCHMIDT, WRIGHT et JOSLIN.

A notre avis, il nous paraît démontré que le syndrome diabétique est bien lié spécialement à une altération ayant son siège de prédilection dans les îlots endocrines de LANGERHANS, ce fait pathologique venant confirmer ce que la physiologie et l'anatomie ont établi au sujet du rôle de sécrétion interne dévolu aux formations épithéliales intra-pancréatiques. Comment alors, nous objectera-t-on, expliquer qu'un si grand nombre d'observations restent encore à l'état d'arguments indécis ou même contraires à la théorie que nous défendons ?

Nous croyons que la difficulté qu'éprouvent la plupart des pathologistes à faire rentrer toutes les observations aberrantes dans le cadre de la théorie insulaire, provient précisément de ce qu'ils se font sur l'état des îlots des opinions trop limitées et trop fortement rattachées aux prémisses histologiques dérivant des travaux de DIAMARE.

En effet, si l'îlot est une formation immuable, toute lésion insulaire se traduira par un diabète, et réciproquement.

Mais cette conception pathogénique si simple se heurte immédiatement à la foule des cas où les îlots plus ou moins épargnés s'associent à un parenchyme quelque peu lésé.

Il en est tout autrement si, abandonnant les idées anatomiques de DIAMARE et de ses partisans, on voit dans l'îlot, avec M. LAGUESSE, une formation épithéliale en voie d'évolution et de rénovation incessante.

Le *Balancement*, en un mot, décrit par M. LAGUESSE, nous semble offrir pour la pathologie un terrain de conciliation des plus large sur lequel peuvent se rassembler sans difficulté la plupart des cas disparâtes des lésions pancréatiques liées au diabète.

Si, en effet, l'îlot naît de l'acinus et y retourne, il n'est pas forcément nécessaire, pour qu'il y ait diabète, que tous les îlots d'un pancréas soient lésés et le parenchyme intact.

Bien au contraire, une altération quelconque de la cellule acineuse portant sur elle-même ou sur la trame conjonctive qui l'entoure pourra produire une perturbation dans l'évolution normale de l'acinus vers l'îlot, suspendre en un mot la production physiologique d'îlots normaux nécessaires au remplacement des îlots épuisés et au maintien de la fonction endocrine.

Il résulte de là qu'à notre point de vue une altération du parenchyme seule peut très bien devenir la cause d'une diminution du nombre des îlots. Bien plus, ceux-ci, tout en ayant épuisé leur faculté sécrétoire endocrine, peuvent persister en nombre presque normal sans présenter de grosses lésions histologiques. Ce qui fait que, d'une part, l'impuissance du parenchyme à former de nouveaux îlots, et la persistance, d'autre part, d'îlots épuisés et inutiles, expliquent parfaitement la présence simultanée, dans un pancréas diabétique, d'îlots d'apparence à peine pathologique et d'un parenchyme au contraire plus ou moins altéré.

Est-ce là une simple hypothèse ? Nous ne le croyons pas. Dans notre cas 2, en particulier, nous avons décrit ces formes spéciales de groupements épithéliaux : ni acini, ni îlots, que M. Laguesse appelle des formes de « *déconstructions* et de *reconstitutions* aciniques ».

Nous voyons en ce cas pour ainsi dire se réaliser les conditions que nous supposions précédemment. Nos îlots sont presque tous en état de dégénérescence, bien qu'en nombres normaux, et d'autre part le parenchyme acineux semblerait faire un vain effort pour donner naissance à des îlots nouveaux de remplacement.

Le grand nombre des formes d'évolutions aciniques que nous avons signalé dans notre cas se rencontrent dans beaucoup d'autres observations, bien qu'à notre avis, les auteurs les aient interprétées d'une façon inexacte.

Qu'est-ce donc que ces îlots proliférés de Karakascheff ? Ces formes de transitions signalées par Schmidt et, bien plus, figurées par Sauerbeck, l'un des partisans les plus convaincus de l'immuabilité des îlots ? La lecture de ces cas, l'examen des planches nous a persuadé que ces auteurs n'ont rien vu autre chose que ce que nous signalons dans notre cas (formations incomplètes d'îlots aux dépens d'acini malades, parfois retour incomplet d'un îlot lésé vers l'acinus). C'est par suite de leur idée anatomique de ne voir dans l'îlot qu'une formation persistante qu'ils se sont mis dans l'impossibilité de comprendre la signification de ces images histologiques.

La théorie du *Balencement*, d'après M. Laguesse, concilie infiniment mieux les faits. Elle crée certes une pathogénie beaucoup plus complexe que celle à laquelle on a tenu jusqu'ici; mais nous croyons qu'elle se rapproche beaucoup plus de la vérité. Le diabète pancréatique *ne sera donc plus pour nous forcément lié à une lésion isolée des îlots.*

Certes, nous admettrons que c'est bien l'organite de Langerhans qui est en cause, que c'est sa lésion propre ou son trouble fonctionnel qui engendre le syndrome diabétique, mais nous admettrons aussi que cette insuffisance de l'îlot peut résulter de lésions très générales de la glande retentissant secondairement sur lui. Nous arrivons ainsi à élargir beaucoup le cadre des lésions pancréatiques pouvant produire le diabète et nous ne nous étonnerons plus de rencontrer, au cours de cette maladie, des pancréas à parenchyme lésé avec des îlots presqu'intacts.

Nous sommes convaincu que dans des cas de ce genre, l'analyse histologique montrera le plus souvent ces formes de transition d'acini à évolution insulaire témoins d'une production incomplète d'îlots nouveaux et signe de l'insuffisance des anciens.

Conclusions. — 1° Il n'y a plus lieu aujourd'hui de maintenir une distinction entre le diabète gras et le diabète maigre. Tous deux paraissent également liés à des altérations pancréatiques.

2° Les lésions histologiques constatées dans le pancréas des diabétiques sont nombreuses et variées.

On y rencontre :

a) Une augmentation du tissu conjonctif périlobulaire et intralobulaire, parfois même accompagné d'œdème (soit à la suite d'inflammation, soit très rarement à la suite de stase).

b) Une slcérose inter et même intra-acineuse affectant la forme que nous avons décrite sous le nom de « *Sclérose amorphe fibrillogène disséquante* ».

c) La lipomatose à tous ses degrés.

d) La dégénérescence hyaline du pancréas (Opie) (Sauerbeck).

e) L'atrophie et la dégénérescence graisseuse de la cellule acineuse.

D. — Les altérations des îlots sont :

Diminution numérique ;

Atrophie ;

Hémorragie :

Sclérose ;

Morcellement ;

Dégénérescence hyaline, tant d'origine périvasculaire (conjonctive) qu'épithéliale ;

Dégénérescence calcaire ;

Dégénérescence graisseuse des cellules ;

Plasmolyse et dégénérescence hydropique ou vacuolaire (Weichselbaum et Stangl).

3° Les diverses lésions que nous venons d'énumérer et particulièrement le groupe des altérations insulaires et parenchymateuses s'associent dans les proportions les plus variables. On peut trouver toutes les variétés depuis le parenchyme lésé, îlot intact, jusqu'à îlot atteint ou détruit, et parenchyme presque normal.

Cette multiplicité des formes anatomiques ne contredit en rien la théorie pathogénique dite des îlots. Celle-ci, au contraire, reçoit sa pleine confirmation, non seulement de l'ensemble des faits, mais surtout de quelques observations rares, il est vrai, mais absolument décisives : « Ilot lésé avec intégrité du parenchyme. »

4° Les îlots ne sont pas *des organites immuables dans leur forme histo-*

logique, mais bien, comme l'admet M. Laguesse, *des productions épithéliales en voie de renouvellement et de régression incessants. Ils viennent du parenchyme et y retournent.* Si l'on admet cette opinion, les variétés des lésions anatomiques observables dans le diabète s'expliquent d'elles-mêmes, et le diabète, tout en restant *une affection liée à l'insuffisance des îlots, peut cependant succéder aussi à une altération totale du parenchyme sécréteur, puisque l'un des éléments (l'exocrine) donne naissance à l'autre (l'endocrine).*

5° Il y a lieu de distinguer, par conséquent, diverses formes anatomiques du diabète pancréatique. Notre maître, M. le professeur Curtis, propose de classer les altérations de la manière suivante :

Diabète pancréatique

Diabète vasculaire	Par lésion primitive des îlots. Cas rare d'intégrité du parenchyme avec lésions des îlots.	
Diabète caniculaire d'origine infectieuse	Lésion primitive du parenchyme ayant pour conséquence :	Un arrêt de rénovation du tissu endocrine. Diabète par agénésie des îlots. Fréquence des formes de transition. Un envahissement secondaire des îlots. Diabète insulaire secondaire.

Étude sur les lésions pancréatiques signalées au cours du diabète gras

(Echo Médical du Nord, 1906, p. 111)

Depuis les travaux de Lancereaux (1877), on divise en trois grandes classes les formes du diabète.

Dans l'une, se rangent ceux qui relèvent d'une altération du système nerveux. C'est le diabète nerveux.

La seconde comprend les diabètes engendrés par des troubles généraux de l'organisme, le ralentissement de la nutrition, la goutte, l'arthritisme.

Cette seconde forme fut appelée celle du diabète gras en raison de l'embonpoint florissant qui, d'ordinaire, l'accompagne.

La troisième classe est celle du diabète maigre décrit par Lancereaux en 1877.

Pour cet auteur et pour ses élèves, Lapierre, tout d'abord (1879), et Boutard ensuite (1890), cette forme seule était l'origine pancréatique.

Cette division, très nette, qui se rencontre dans les ouvrages classiques, était encore adoptée, en 1901, par Lancereaux, dans une communication à l'Académie de médecine.

Cependant, tous les auteurs n'admettaient pas cette distinction et Baumel le premier en 1881, à la suite d'une observation très intéressante, soutint que le diabète gras, comme le diabète maigre, était d'origine pancréatique.

Dans un de ses mémoires de cette époque, M. Baumel écrivait à la suite d'une observation de diabète gras : « N'est-il pas permis de se demander pourquoi il existerait une différence si grande entre les deux formes de diabète et pourquoi, dans le diabète maigre, il y aurait constamment des lésions d'un organe qui serait respecté dans le diabète gras ».

Cette simple question était bientôt transformée en affirmation par cet auteur car, dans un second mémoire, 1882, on peut lire, comme première conclusion : « l'altération du pancréas est constante dans le diabète, quelle que soit la forme de cette affection (diabète gras, diabète maigre). »

Et pourtant cette manière de voir ne fut pas adoptée par la plus grande partie des auteurs. Boutard, dans sa thèse de 1890, rejette l'opinion de Baumel comme ne la trouvant pas édifiée sur un assez grand nombre de documents.

On reste étonné, il est vrai, devant une négation aussi formelle de la part de Boutard et l'on se demande sur quelles données cette opinion a pu être fondée. Car sur vingt-neuf observations de diabète gras, contenues dans la thèse de cet auteur, une seule suivie d'autopsie ne fait pas même mention de l'état du pancréas.

Mais, si de 1881 à 1890, les documents sont trop peu nombreux pour apporter une certitude, il n'en est plus de même aujourd'hui. Depuis 1894, des observations peu nombreuses encore ont été publiées et leur groupement apporte une preuve indiscutable en faveur de l'identité de la pathogénie de certains diabètes gras, et du diabète maigre d'origine pancréatique.

En 1904, paraissent successivement dans la *Presse médicale* et dans la thèse de Mollaret, trois observations suivantes de Thoinot et Delamare. Au total 13 observations.

Les lésions relatées dans ces 13 observations se résument de la façon suivante :

Nous voyons que macroscopiquement le pancréas est parfois atrophié, ne pesant plus que 50 grammes. Sa consistance est dure, sa surface parsemée d'hémorragies, de points de nécrose. Des travées scléreuses sillonnent l'organe qui, par ce fait, perd son aspect lobulé. Souvent, il se forme une infiltration graisseuse péri et intrapancréatique qui, plus ou moins développée, suivant les cas, arrive en certaines régions à se substituer au parenchyme glandulaire.

Microscopiquement, il existe une augmentation du tissu conjonctif se traduisant par une sclérose péricanaliculaire, périvasculaire et périacineuse. A celle-ci s'ajoutent des altérations canaliculaires (oblitérations ou ectasies), des altérations acineuses (nécroses et dégénérescences graisseuses), enfin des altérations insulaires telles que la dégénérescence graisseuse et hyaline, les hémorragies, une sclérose intra et surtout péri-insulaire.

Si nous comparons ces diverses lésions à celles que l'on observe dans le diabète maigre, d'origine nettement pancréatique, nous voyons que toutes les altérations décrites dans le diabète gras se retrouvent dans le diabète maigre.

Et si, parmi ces lésions il en est de nombreuses (telles que la sclérose péri et intra-lobulaire, les altérations canaliculaires et acineuses) que l'on puisse rencontrer dans les pancréas pathologiques non diabétiques, il existe par contre dans le pancréas de certains diabétiques gras (notre cas personnel le montre), des altérations insulaires analogues en tous points à celles décrites comme engendrant le diabète maigre.

En plus de ces altérations insulaires des pancréas des diabétiques, nous devons encore signaler la tendance considérablement exagérée, par places, à la transformation du parenchyme sécréteur exocrine en parenchyme sécréteur endocrine. (Fait que nous avons depuis rencontré dans un cas de diabète maigre).

Cette surabondance des formes de transition acino-insulaires et insulo-aciniques que nous avons signalée dans notre communication à la *Société de biologie*, et dans un autre cas au *Congrès de Liège*, 1905. Le fait paradoxal apparence de l'hypertrophie même en quelques points du tissu insulaire a été expliqué dans notre thèse. Nous rappellerons simplement que ces îlots hypertrophiés étaient tous pathologiques.

Que conclure maintenant de l'ensemble de ces faits ?

Faut-il admettre, avec Baumel, que tout diabète est causé par une altération du pancréas ? Ou faut-il conserver la division si nette émise par Lancereaux et ses élèves et devenue classique ?

Nous prendrons soin d'éliminer, tout d'abord, les diabètes purement nerveux ou liés à des troubles fonctionnels généraux dont l'existence, semble-t-il, ne peut être mise en doute aujourd'hui. Ceux-ci, sans doute, dans certaines circonstances, peuvent présenter le syndrome du diabète gras. (Cette question, d'ailleurs, est loin d'être résolue).

Mais nous pensons que les différents cas que nous venons de rassembler montrent assez, par eux-mêmes, le défaut d'une classification aussi rigoureuse en trois catégories strictement limitées.

Il existe, d'une façon indiscutable, des cas de diabète gras liés à des lésions du pancréas et l'on ne doit pas réserver à la seule forme maigre la pathogénie pancréatique.

Est-ce à dire maintenant qu'il faille admettre que tout diabète est causé par l'altération du pancréas.

Cette conclusion dépasserait de beaucoup les faits.

Rien ne prouve que certains diabètes fonctionnels ne puissent adopter la forme grasse. Mais inversement si tous les diabètes gras ne sont pas d'origine pancréatique, certains diabètes pancréatiques peuvent incontestablement évoluer avec le type clinique du diabète gras.

C'est, croyons-nous, ce qui ressort nettement des observations que nous venons de relater.

De la sclérose amorphe dissociante et de la fréquence des formes de transition des ilots de Langerhans dans certaines lésions du pancréas diabétique

AVEC M. LE DOCTEUR CURTIS

C. R. Soc. Biol, 1905, 3 juin, page 942

Histogénèse de la sclérose amorphe dissociante du pancréas

AVEC M. LE DOCTEUR CURTIS

C. R. Soc. Biol. l. c. page 943

De l'importance des formes de transition acino-insulaires ou insulo-aciniques dans l'interprétation des lésions du pancréas diabétique

AVEC M. LE DOCTEUR CURTIS

C. R. Soc. Biol., 1905, page 966.

Dans un cas de diabète maigre, nous n'avons trouvé aucune lésion du foie, ni des centres nerveux. Seul, le pancréas était pathologique.

Les modifications pathologiques : 1° de l'œdème interstitiel sans leucocyte.

2° Une sclérose avancée de l'organe. Cette sclérose conjonctive dissociait l'acinus et aboutissait à une sclérose monocellulaire.

Elle se produit par un mécanisme particulier. Les acini de la glande normale, dès qu'ils deviennent volumineux, ont une tendance à se subdiviser en unités plus petites; au point de lobulation il se développe une membrane amorphe, née de la propria. Cette pénétration de lamelles amorphes entre les cellules sécrétantes ne se produit chez l'homme, du moins, que là où la lobulation d'un acinus s'accomplit. C'est par l'exagération de ce phénomène normal que la dissociation pathologique de l'acinus s'effectue.

Dans la troisième note, nous discutons la signification qu'il y a lieu de reconnaître au point de vue pathologique aux formations acino-insulaires ou insulo-aciniques. Nous rejetons l'opinion de DIAMARE, SZOBOLEW, etc., qui regardent l'îlot de LANGERHANS comme un organite invariable dans sa forme et persistant dans son état d'origine ; et admettons au contraire l'opinion de LAGUESSE sur la *variabilité de l'ilot*. Avec cette dernière théorie, les observations de diabète pancréatique à lésions dominantes du parenchyme cessent d'être en contradiction avec les données de l'histologie normale

Contribution à l'étude des formes d'évolution acino-insulaires et insulo-aciniques dans le pancréas des diabétiques

AVEC M. LE DOCTEUR WATZOLD

Comptes-rendus du Congrès de Liège, 1905, 25-27 septembre
Travail du Laboratoire de M. le Professeur Zeigler, Institut d'Anatomie Pathologique de Fribourg, Allemagne.

Ce mémoire comprend l'observation anatomo-pathologique d'un diabétique dont le pancréas, outre les lésions insulaires et parenchymateuses ordinairement décrites, présentait de nombreuses formes de transition soit des îlots en voie d'accroissement, fait rare, ou plus souvent des stades intermédiaires où l'acinus n'est plus à vrai parler un acinus et où les groupements cellulaires n'ont pas encore l'aspect d'un îlot de LANGERHANS.

Note sur le pancréas des diabétiques

AVEC M. LE DOCTEUR CURTIS

Echo Médical du Nord, **17 nov. 1907, communicat. du Congrès de Médecine de Paris, oct. 1907.**

A la suite de nos recherches au sujet des altérations dans le pancréas des diabétiques, que nous avons fait connaître en 1905 et 1906 (certains auteurs ont semblé douter de la valeur des altérations sur lesquelles nous avions insisté, s'appuyant surtout sur ce fait qu'on les rencontre analogues dans d'autres affections. Nous ne saurions trop répéter ici que jamais nous n'avons eu l'intention de décrire des lésions absolument spécifiques du diabète. C'est une loi de pathologie générale, trop souvent méconnue, qu'un organe ne possède qu'un nombre assez limité de modes de réaction qui se produisent au contact des agents pathologiques les plus divers.

Il ne saurait donc être question de décrire des modifications absolument propres au diabète, mais bien de chercher s'il n'existe pas un groupement de lésions élémentaires capables, par leur ensemble, de donner au pancréas diabétique un aspect particulier.

A ce sujet, nous croyons pouvoir être affirmatifs.

Il existe un type de pancréas qu'on peut appeler diabétique et qui a pour caractères :

1° La sclérose fine inter et intra-acinique partant, soit des vaisseaux, soit des canalicules;

2° Une lésion primitive des îlots, sclérose, hémorragie, dégénérescence hyaline (etc.).

3° Une raréfaction du nombre des îlots.

4° Une surabondance très marquée des formes de transitions : *Déconstructions* et *reconstructions* de LAGUESSE, que nous avons appelées formes *acino-insulaires* ou *insulo-aciniques*.

5° Une prédominance très marquée, quelquefois même exclusive, des formes insulo-aciniques (reconstruction de LAGUESSE).

Quand ces cinq ordres de lésions se trouvent réunies en proportions diverses dans un même organe, elles lui donnent un aspect spécial qui permet de reconnaître le diabète.

Sans doute, on pourra constater des formes d'évolution d'îlots dans d'autres affections; on les voit, par exemple, dans le cancer de la tête du pancréas et, en général, dans beaucoup de cas où les voies d'excrétion sont lésées pour une cause quelconque; mais, dans ces circonstances, on ne retrouve ni la généralisation des lésions élémentaires ni les groupements que nous avons décrits.

Nous insisterons particulièrement sur le cinquième caractère, à savoir : prédominance des formes de reconstruction de LAGUESSE.

Dans certains cas de diabète, les lobules pancréatiques ne sont presqu'uniquement constitués que par des formes insulo-aciniques, c'est-à-dire par des îlots évoluant vers l'acinus.

On peut, à ce sujet, formuler des hypothèses : dire, par exemple, que l'absence des formes acino-insulaires s'explique par le manque de production d'îlots nouveaux, tandis que l'abondance des formes inverses témoigne d'un arrêt d'évolution d'îlots épuisés; mais l'interprétation définitive de ces faits demande encore de nouvelles recherches.

En dernier lieu, nous désirons attirer de nouveau l'attention sur l'existence, dans certains cas, de lésions canaliculaires : proliférations et plissements des épithéliums, scléroses péricanaliculaires ayant les caractères de très anciennes lésions conjonctives.

Parfois nous avons observé de véritables oblitérations de canaux.

Si l'on tient compte de l'existence dans le pancréas, des deux localisations de la sclérose tantôt péricanaliculaire, tantôt vasculaire, on entrevoit la possibilité d'une double pathogénie des inflammations chroniques pancréatiques capables de déterminer le diabète.

1° Une sclérose purement vasculaire frappera primitivement des îlots.

2° Des lésions infectieuses chroniques des voies d'excrétion pourront au contraire produire des scléroses canaliculaires ascendantes qui atteindront secondairement l'organe endocrine.

En effet, des expérimentateurs ont démontré que la ligature des canaux retentit immédiatement sur l'évolution des îlots, et d'autre part, d'après l'examen de plusieurs cas, nous croyons pouvoir affirmer que les lésions canaliculaires semblent une des principales causes qui déterminent l'apparition des formes de transition.

Pour nous, la sclérose canaliculaire agit donc en amenant secondairement les perturbations dans la formation des îlots.

Le diabète pourra donc résulter soit d'une sclérose primitivement vasculaire, soit d'une infection chronique des voies d'excrétion.

Ces deux formes se raccorderaient de la manière suivante à la classification anatomique que nous avons proposée jadis.

DIABÈTE PANCRÉATIQUE

DIABÈTE PANCRÉATIQUE	Par lésion primitive des îlots.	Cas rare d'intégrité du parenchyme avec lésion des îlots
	Par lésion primitive du parenchyme, ayant pour conséquence.	1° Un arrêt de rénovation du tissu endocrine. Diabète par agénésie des îlots. Fréquence des formes de transition.
		2° Un envahissement secondaire des îlots. Diabète insulaire secondaire.

Nous ajouterons que d'après notre expérience actuelle, il paraît probable que les formes vasculaires et péricanaliculaires sont le plus souvent associées. Nous n'avons pas encore jusqu'ici rencontré de formes vasculaires pures; peut-être les cas rares de lésions exclusives des îlots signalés par les auteurs (1) doivent-ils être classés dans la catégorie des diabètes d'origine vasculaire.

Il faut laisser à l'examen de faits ultérieurs la démonstration de cette conception.

En terminant, nous ne saurions trop insister sur les limites précises que nous voulons donner à nos conclusions. Nous croyons que lorsque les lésions précitées se trouvent réunies dans le pancréas, elles déterminent le diabète. Mais nous sommes loin de prétendre que la réciproque soit vraie, c'est-à-dire, qu'il ne puisse y avoir de diabète pancréatique en dehors de ce type pathologique. L'avenir nous fera peut-être connaître des lésions différentes et différemment groupées qu'il faudra rattacher au syndrome diabétique.

Du retentissement des lésions canaliculaires sur le parenchyme acineux et insulaire pancréatique et de leur importance dans la genèse du diabète

Communication a l'Académie de Médecine 1908

Journal de Physiologie et de *Pathologie générale*, 1908.

A cette époque, nous avons examiné 7 pancréas diabétiques et 8 pancréas non diabétiques. Nous avons de plus, examiné et suivi les expériences de M. Laguesse. Pour notre part, nous en avons faites chez M. Wertheimer, et ces documents succombant, nous pouvons essayer une tentative pathogénique reposant uniquement sur des faits. C'est alors que frappé de l'importance des lésions canaliculaires et de leur retentissement manifeste sur le tissu parenchymateux, nous nous résolûmes à écrire la note suivante :

(1) Voir thèse Gellé. *Loc. cit.*

Quand on pratique l'autopsie de certains diabétiques, le pancréas, dans toute son étendue, paraît à première vue remplacé par une nappe graisseuse très développée. Celle-ci, bien que bordée à sa périphérie par un épaississement conjonctif, se traduit par une coloration jaunâtre et prend exactement la forme et presque la lobulation pancréatique. En coupes macroscopiques on y retrouve disséminée des restes de lobules glandulaires d'étendue très variable. Toutefois, ces fragments de parenchyme sont peu développés, car sur des coupes faites à quelques millimètres d'intervalle on ne tarde pas à les voir disparaître, séparés les uns des autres par la masse graisseuse qui les circonscrit et les isole complètement. Le pancréas de ce fait paraît subdivisé en autant de territoires, de coloration grise ou rosée, qui tantôt sont en rapport avec des canalicules excréteurs, ou tantôt n'offrent aucune topographie appréciable.

Au microscope, ce tissu graisseux présente avec plus d'évidence encore la disposition lobulée du pancréas et paraît immédiatement devoir se rattacher à la glande. D'ailleurs, quelques vestiges parenchymateux isolés çà et là viennent en apporter le témoignage. Cette nappe adipeuse enrobe non seulement la périphérie des groupements glandulaires, mais encore s'insinue entre chaque amas de parenchyme et tend à morceler de plus en plus l'organe. Prenant en effet comme voie de pénétration les traînées conjonctives de la sclérose pancréatique, la graisse apparaît tout d'abord entre les espaces interlobulaires comblés de tissu conjonctif, puis dans l'intérieur des lobules où elle finit par prendre une importance de plus en plus grande. Ces lobules sont alors criblés de vésicules adipeuses qui parfois restent isolées les unes des autres, mais le plus souvent se disposent en nappes ou s'ordonnent en filets et finissent par circonscrire des territoires glandulaires de plus en plus petits. L'envahissement peut même être plus accentué; quelques acini, au nombre de 6 à 10 le plus souvent en voie de transition, sont alors isolés du groupe parenchymateux principal. Ordinairement, ce sont les îlots de Langerhans qui, ayant perdu toute connexion avec le tissu pancréatique voisin, subsistent seuls au milieu de la nappe graisseuse.

Ce sont ces fragments de parenchyme que nous signalions plus haut et qui nous permettent de rattacher au pancréas la zone graisseuse lobulée qui entoure dans ces cas les éléments parcellaires de l'organe.

Les régions où le tissu glandulaire est conservé sont atteintes de sclérose à divers degrés. Respectant parfois ou bouleversant la disposition lobulée normale, la prolifération conjonctive forme un stroma compact dans lequel se trouvent inclus les territoires parenchymateux. Ceux-ci ont des dimensions variables et certains peuvent atteindre le développement du lobulin normal. Cette disposition en lobules nettement différenciés est plutôt rare, car elle ne tarde pas à disparaître devant les progrès constants du tissu conjonctif. A la sclérose périlobulaire est venue s'adjoindre la sclérose intralobulaire. Cette dernière, constituée par des travées conjonctives qui enserrent tantôt chaque acinus ou tantôt un groupement d'acini, forme dans les régions où elle est très avancée une sclérose monocellulaire dont nous avons jadis décrit la marche sous le nom de « sclérose amorphe dissociante ».

Dans les mailles de cette sclérose, mailles larges ou très serrées, suivant les endroits, se trouvent les acini; ceux-ci présentent, au point de vue cellulaire, peu d'altérations importantes : dégénérescence hyaline, dégénérescence ou surcharge graisseuse sont les plus fréquentes. Près d'elles, nous rangerons encore la nécrose cellulaire qui souvent localisée au centre du lobule doit cependant être distinguée de la nécrose cadavérique.

Dans les régions peu sclérosées, les acini peuvent se présenter avec leur aspect normal possédant leur bordure classique interne des centro-acineuses; mais dès que la sclérose se développe d'une façon plus intense, les acini deviennent de plus en plus petits, les centro-acineuses disparaissent, et dans certains cas, ce qui d'ailleurs est le plus fréquent, les acini ne sont plus représentés que par deux cellules, voire même une cellule, donnant ainsi le type « monocellulaire de la sclérose amorphe fibrillogène dissociante ».

Disséminés tout d'abord au milieu du tissu acineux, puis, comme nous le verrons plus loin, entourés par des tubes indifférents ou par la sclérose, isolés enfin dans l'atmosphère graisseuse périlobulaire, se trouvent les îlots de LANGERHANS.

Dans ces cas de diabète engendrés par une altération glandulaire consécutive aux inflammations canaliculaires, les îlots de LANGERHANS existent en assez grand nombre dans les territoires respectés par l'envahissement graisseux; parfois en quantité moindre que normalement ou en nombre égal et même supérieur ils atteignent environ de 100 à 300 μ de diamètre, et même, comme nous le reproduisions jadis dans une planche, peuvent arriver à occuper la totalité d'un lobule.

Si cette transformation accusée du parenchyme en organites insulaires existe dans un grand nombre de points, il faut reconnaître cependant qu'elle n'atteint pas toujours ce degré. Dans d'autres territoires, on voit les îlots disséminés çà et là parmi les acini, puis lorsque ceux-ci disparaissent, entre les formes de transitions et les tubes indifférents développés dans les interstices du tissu conjonctif; enfin arrivés à un stade ultime, à la suite de la résorption du tissu acineux, ils apparaissent isolés au milieu de la sclérose ou de la graisse péripancréatique.

Les lésions que l'on rencontre au niveau de ces îlots sont nombreuses et peuvent se ranger en trois catégories : conjonctives, vasculaires, parenchymateuses.

Sclérose capsulaire et périvasculaire amenant par leur fusion le morcellement de l'îlot; dégénérescence hyaline périvasculaire, hémorragies, dégénérescence hyaline épithéliale, dégénérescence graisseuse, vacuolaire, pycnose, sont les altérations les plus fréquentes.

Mais à côté de ces lésions viennent se grouper des modifications cellulaires plus délicates. Lorsqu'on étudie dans les pancréas des diabétiques les îlots qui sont peu ou pas atteints par les lésions suscitées, on remarque que la plupart d'entre eux sont constitués par des cellules peu développées. Petites et comme revenues sur elles-mêmes, elles apparaissent formées d'une mince couronne protoplasmique péricanaliculaire moins sensible que normalement aux réactifs picriqués.

Ces cellules, à noyau de formes et de dimensions variées, prennent également une teinte intermédiaire entre celle de la cellule claire de l'îlot et celle de la cellule sombre de la forme de transition ou de l'acinus. Cette rétraction protoplasmique, cette variation de coloration, cette multiplicité de volume des noyaux, leur localisation cellulaire basale et périphérique, marquent un état d'épuisement de la part de l'îlot. Il suffit d'ailleurs pour se convaincre de la réalité de ce dernier fait de suivre la série des coupes. Presque toujours pour ne pas dire toujours, nous avons rencontré dans un des pôles de l'îlot l'ébauche du groupement cellulaire indiquant le début de la reconstruction (c'est-à-dire les premiers indices de retour de l'îlot vers l'acinus).

Ces formes de retour à l'acinus sont d'ailleurs très nombreuses dans ces cas de diabète, et si l'on examine les régions où la sclérose interacineuse est encore relativement peu développée, on constate qu'à côté d'acini proprement dits, qui deviennent de plus en plus rares, existent d'autres groupements cellulaires qui, tout en ayant certaines analogies avec les éléments acineux, possèdent encore quelques caractères particuliers qui les en distinguent et les rapprochent de l'îlot.

Dans les régions, en effet, où la sclérose interacineuse n'a pas pris suffisamment d'extension pour encercler chaque acinus, on rencontre un grand nombre d'agglomérations cellulaires acquérant les dimensions des îlots de Langerhans.

Celles-ci groupées parfois au nombre de trois ou quatre par lobules peuvent cependant être plus nombreuses, et arrivent à occuper la presque totalité du lobule.

Nous ne pûmes, à la suite de recherches très minutieuses, trouver de formes de déconstruction acineuse (c'est-à-dire d'accroissement insulaire), et dans le cas où nous aurions pu le croire à première vue, l'étude des coupes voisines de la série nous montra que nous avions affaire au type inverse, c'est-à-dire à la forme insulo-acineuse.

Celle-ci, que nous avons déjà maintes fois décrite et même figurée, apparaît à tous ses stades de transition. Elle est facilement reconnaissable par son groupement sombre de cellules, rappelant par ses dispositions l'îlot de volume plus grand de chaque acinus. Elle peut même être décelée à son stade ultime sous l'aspect d'acini volumineux possédant de nombreuses cellules centro-acineuses et reconnaissable encore par l'orientation du groupe acineux qui tend à former un nodule isolé du reste des acini voisins.

Ces formes de transition dispersées dans certaines régions au milieu des acini, accompagnées en cela par les ilots, constituent parfois la presque totalité du parenchyme pancréatique.

En d'autres points, là où la sclérose est très généralisée, les acini ont totalement disparu. Il existe alors à leur place d'autres éléments glandulaires d'une réelle importance. Ce sont les canaux indifférents encore appelés parfois pseudo-acini.

Près des canaux excréteurs, écrivions-nous dans notre thèse, p. 109, on trouve des canalicules qui diffèrent des acini ou des petits conduits excréteurs par certains caractères. Au milieu des nappes de sclérose, de petits groupes de tubes se disposent groupés en tous sens. Ils ont un diamètre de 30 μ environ et sont constitués par une seule rangée de cellules reposant sur une membrane basale évidente. Leur épithélium est très clair, cubique, à noyau basal, leur lumière est, en général, vide et ne renferme ni matière muqueuse, ni bouchons épithéliaux, comme on en voit d'ordinaire dans les conduits excréteurs proprement dits.

Nous notions, dès 1905, la présence de ces canalicules dans un de nos cas; depuis, nous pûmes les rencontrer groupés aux autres altérations dans trois nouvelles observations. Leur étude plus détaillée nous permet d'une façon évidente de considéeer leur production comme liée au degré des altérations canaliculaires pancréatiques.

Il nous reste maintenant à examiner l'état des canaux excréteurs. Ces altérations que nous signalions également dès 1905 ont pour nous une très grande importance.

En examinant en effet dans nos cas de diabète quelle pouvait être l'origine de la sclérose, nous pûmes nous rendre compte que s'il fallait incriminer parfois l'envahissement conjonctif périphérique ou périvasculaire, il fallait le plus souvent considérer les canaux excréteurs comme la voie unique de la sclérose. Sur six observations personnelles de diabète pancréatique, quatre le prouvent en toute évidence.

Les voies d'excrétion, en effet, quel que soit leur calibre (gros canaux, moyens canalicules, canaux intercalaires) sont le siège d'une réaction conjonctive réelle, mais diversement accusée suivant les régions.

Au début, les canaux excréteurs de toutes tailles, présentent tout d'abord un épaississement de leur enveloppe conjonctive. A ce stade cette tunique est encore nettement individualisée et ne se confond en aucune façon, soit avec le tissu conjonctif interlobulaire, soit avec les travées scléreuses intralobulaires.

Il n'en est pas de même dans les territoires plus sclérosés. En ces endroits, le tissu conjonctif péricanaliculaire, périlobulaire, intralobulaire, se fusionne en un seul stroma ; non seulement les parois canaliculaires ont perdu leur limite périphérique, mais encore l'engrènement conjonctif est tel, qu'il devient impossible de délimiter ce qui appartient aux différentes scléroses.

Les voies d'excrétion ne sont plus constituées que par des cavités de dimensions variables enfouies au milieu de nappes conjonctives diversement développées. Ce tissu scléreux est presque toujours arrivé au stade adulte et très rares sont les points où l'on rencontre encore quelques agglomérations de cellules conjonctives jeunes. Il est formé de fibres bien développées qui deviennent de plus en plus concentriques en approchant de la lumière canalaire et qui, au contraire, à la périphérie s'irradient en tous sens et se confondent avec le tissu conjonctif inter et intralobulaire.

Mais la sclérose canalaire peut aller plus loin, et si au début la localisation est périphérique, dans la suite elle prend un caractère sténosant qui aboutit à l'oblitération canaliculaire. D'ailleurs sur des canaux de gros calibre l'étude de coupes en séries montre les phénomènes suivants :

Dans les régions où la sclérose péricanaliculaire est très développée, les cellules de revêtement des canaux excréteurs sont pour la plupart desquamées et occupent en presque totalité la lumière canalaire. Puis du tissu conjonctif formant la paroi du canal partent des bourgeons fibrillés ; ceux-ci se dirigent vers le centre de la lumière, et tandis que leurs sommets s'avancent de plus en plus les uns vers les autres, les bases d'implantation s'élargissent si bien que la lumière excrétrice n'est plus finalement constituée que par une fente étoilée. Celle-ci devient de plus en plus petite, se décompose parfois en lumières secondaires, puis s'obstrue et disparait.

Cette oblitération est formée par un tissu conjonctif adulte parfaitement colorable et peu riche en cellules. D'autres fois, ce tissu a subi une transformation hyaline et commence à être dès lors envahi par la graisse.

Les perturbations que l'on rencontre au niveau de ces gros canaux se retrouvent identiques sur ceux de plus faibles calibres qui dépendent du canal principal oblitéré.

Comme ce dernier, les canaux secondaires sont perdus au milieu des bandes de sclérose de plus en plus vastes et de plus en plus denses, et l'on peut suivre également le même processus oblitérant que celui décrit précédemment. D'autres canaux, au contraire, se laissent dilater et concourent à former des kystes qui peuvent être visibles à l'œil nu.

A côté de ces oblitérations ou de ces ectasies canaliculaires, nous croyons également qu'il est intéressant de mentionner l'état des canalicules intercalaires.

A l'état normal, ces petits canaux, qui assurent la jonction entre les acini et les canaux excréteurs de moyens calibres, sont formés par une vitrée tapissée à sa partie interne d'un épithélium aplati externe de quelques fibrilles conjonctives, deux ou trois le plus souvent. Celles-ci disparaissent lorsque le canal prend contact avec l'acinus. Or, si nous examinons les coupes de pancréas diabétiques, dans les régions où la sclérose est encore peu étendue, car c'est exclusivement en ces endroits que l'on peut étudier ce genre de canaux, nous les voyons entourés de gaines conjonctives de plus en plus épaisses. Puis, quand la sclérose intralobulaire augmente d'intensité, canaux intercalaires et travées conjonctives finissent par se confondre à un tel point qu'il devient impossible de les différencier.

Il nous reste à signaler quelques particularités que l'on observe au niveau de l'épithélium canaliculaire.

Dans les régions où les gros canaux excréteurs sont profondément altérés par la sclérose, sténose ou dilatation, l'épithélium de revêtement subit d'importantes modifications; parmi ces dernières nous noterons tout d'abord la desquamation; celle-ci est cadavérique dans la majeure partie des points, mais il est des régions où la dégénérescence muqueuse des cellules épithéliales ainsi que la présence de leucocytes dans les canaux, nous permettent de croire qu'elle a en partie une origine pathologique.

Une autre altération réside dans les proportions inaccoutumées que présentent les cellules canaliculaires; trois ou quatre fois plus hautes que normalement, beaucoup plus élevées que larges, elles arrivent dans certains canaux à obstruer presque totalement et même totalement la lumière de ces conduits excréteurs. Lorsque l'obstruction n'est pas complète la partie centrale de la lumière contient alors une substance amorphe légèrement fibrillée qui se colore fortement par l'hématoxyline et ressemble beaucoup à du mucus coagulé. D'autres fois, cette transformation cellulaire se présente sur des canaux en voie de dilatation et forme de véritables papilles épithéliales s'enfonçant plus ou moins loin dans l'intérieur de la lumière canalaire.

Ces phénomènes sont dus à la prolifération de l'épithélium qui force celui-ci à se plisser en saillies irrégulières. En outre, le même processus se répétant sur les canalicules qui naissent du canal principal et même sur des groupe d'acini voisins, il en résulte de véritables formations adénomateuses telles qu'on les voit d'ailleurs dans les cas d'oblitération glandulaire (foie, mamelle, etc.).

Ces canalicules ou acini transformés de la sorte, en se dilatant à leur tour, puis en se fusionnant avec le canal principal, contribuent à augmenter les cavités kystiques formées aux dépens des premiers canaux.

A côté de ces données fournies par l'anatomie pathologique, il est intéressant de grouper les faits constatés expérimentalement par les auteurs qui entreprirent l'étude des exclusions pancréatiques par simple ligature ou par ligature et résection d'un segment du canal de Wirsung.

Lorsque l'on consulte les travaux de Schultze, de Ssobolew, de Mankowski, de Laguesse et Gontier de la Roche, on voit que le pancréas des animaux (lapins, cobayes particulièrement) à la suite de l'oblitération du canal de Wirsung, tout en subissant de nombreuses altérations, se transforme en une glande dont le rôle sera exclusivement endocrine (1).

Selon le laps de temps écoulé il est permis de suivre toutes les perturbations dont les acini sont le siège depuis la dilatation de leur lumière, ou leur transformation en cellules insulaires et en tubes indifférents, jusqu'à leur disparition et leur remplacement causés par la sclérose : dernier phénomène qui, chez le cobaye, par exemple, se produit vers le quinzième jour de l'oblitération.

Quant aux îlots, nous les voyons devenir le siège de transformations intéressantes; quelques-uns sont lésés, mais toujours ceux-là sont en minorité. La plus grande partie d'entre eux s'accroît aux dépens des acini ou des tubes indifférents. Aussi, peu à peu ne voit-on plus au milieu des mailles de la sclérose que des îlots de Langerhans accompagnés tout d'abord d'acini, puis de tubes indifférents, et définitivement enfin isolés au milieu des amas conjonctifs.

A ce stade, les canaux eux-mêmes ont disparu; obstrués, ils forment le plus souvent des cordons ou des nappes conjonctives qui se confondent avec le tissu interstitiel environnant. Avant de s'oblitérer quelques-uns présentent parfois une série de bourgeonnements papillomateux et adénomateux de leur épithélium qui est souvent atteint de dégénérescence muqueuse.

Tandis que les phénomènes parenchymateux subissent ces régressions ou ces transformations, le tissu interstitiel va également se modifier. A la sclérose jeune, nous voyons se substituer un tissu fibrillé, puis la graisse apparaîtra; peu à peu elle dissociera ce dernier et l'envahira à tel point que le parenchyme pancréatique sera remplacé par une atmosphère graisseuse qui conservera à peu de chose près la disposition lobulée du pancréas. Seuls les îlots de Langerhans persisteront, comme le montre le fait suivant décrit dernièrement par M. Laguesse. Ayant sacrifié un lapin qui, 25 mois auparavant, avait subi l'exclusion pancréatique, l'auteur put se rendre compte que les îlots étaient seuls conservés au milieu d'une atmosphère graisseuse où n'existaient plus ni traces d'acini pancréatique, ni de canaux indifférents, ni même de canal excréteur. Seuls, les îlots de Langerhans étaient bien développés et l'animal n'était pas diabétique.

Si nous comparons les modifications pancréatiques expérimentales et pathologiques, nous assistons de part et d'autre à la transformation endocrine de la glande à la suite d'obstruction canaliculaire, et dans les grandes

(1) Nous pûmes nous rendre compte personnellement de ces faits grâce à l'obligeance de M. le professeur Laguesse qui mit à notre disposition les nombreux documents et coupes qu'il possède sur cette question.

lignes nous pouvons nous rendre compte que les processus ont beaucoup de points identiques.

Dans la glande exclue expérimentalement, la lésion touchant le canal de Wirsung à son origine retentit sur la totalité de l'organe et le transforme en glande endocrine.

A l'état pathologique, les lésions, tout en offrant une grande analogie avec les précédentes, présentent cependant quelques différences. Celles-ci sont en rapport d'une part : avec l'état antérieur de l'organe, fait sur lequel nous reviendrons plus loin, et d'autre part avec la multiplicité des foyers de sclérose qui sont répartis sur un nombre variable de canalicules.

En pathologie tous les lobules ne sont pas atteints au même degré et c'est peu à peu que se fait l'envahissement scléreux, et la transformation de l'organe. Suivant les régions, parfois même suivant les coupes, ou même les séries de coupes, il est permis de suivre pas à pas les variations des lésions et leur évolution vers la désintégration pancréatique.

Dans l'expérimentation quels sont donc les phénomènes qui succèdent à l'oblitération ?

C'est tout d'abord une dilatation des canaux en amont du point obstrué, puis la sclérose de ceux-ci. Sclérose extralobulaire puis intralobulaire et interacineuse accompagnée tout d'abord de dilatation puis de morcellement acineux et ensuite de formation de tubes indifférents.

N'est-ce pas le même processus qui existe dans les cas de canaliculites ascendantes et oblitérantes ?

Ici encore la sclérose commence autour des voies d'excrétion de tout calibre : petits, moyens et gros canaux; elle reste tout d'abord extralobulaire si elle ne touche que les gros rameaux du système excréteur, puis devient intralobulaire et interacineuse lorsque les moyens et les petits canalicules sont eux-mêmes envahis.

N'avons-nous pas signalé dans le pancréas des diabétiques la dilatation des canaux de tout ordre ainsi que leur sclérose. Bien plus, l'épithélium canaliculaire réagit en tous points d'une manière identique. Transformation cellulaire, prolifération des cellules de revêtement, production des formes adénomateuses, dégénérescence muqueuse pour ne pas parler des desquamations qui sont si difficiles à interpréter sur le cadavre; voici autant de réactions qui se retrouvent dans l'expérience et dans le cas pathologique.

La même similitude existe lorsque l'on considère l'évolution du parenchyme acineux. Ne trouve-t-on pas dans les coupes la dilatation des acini leur morcellement, puis la formation de tubes indifférents, et enfin la disparition de plus en plus accentuée du parenchyme acineux remplacé par la sclérose : sclérose fibrillaire tout d'abord, sclérose avec surcharge graisseuse ensuite, témoignages d'un même processus qui, dans les deux cas, entraine la disparition du parenchyme acineux; disparition importante, certes, puisque les îlots de LANGERHANS naissent des acini. Que deviennent d'ailleurs les îlots dans ces deux cas ?

N'est-ce pas en effet la même disposition dans les cas expérimentaux et pathologiques et ne voit-on pas dans ces pancréas les îlots primitivement entourés d'acini, puis ces derniers disparaître ou être remplacés par les tubes indifférents qui, à leur tour, seront, soit englobés par l'organite insulaire en voie d'accroissement, soit détruits par la sclérose. Enfin, l'îlot lui-même ne vient-il pas à se trouver seul au milieu de la graisse développée à la place de l'ancien tissu pancréatique.

Tels sont les faits que nous révèlent de part et d'autre l'anatomie pathologique et l'expérimentation. Si les processus transformateurs sont de même ordre, il semble cependant à première vue qu'il y ait un paradoxe considérable dans l'interprétation des faits. Car si les deux organes dans leur marche évolutive ont une analogie intime, il faut cependant reconnaître que dans le cas expérimental nous n'aboutissons pas au diabète comme dans le cas pathologique.

Quelle est donc la variante qui établit la distinction entre le pancréas diabétique et le pancréas expérimental ?

L'étude de la constitution des îlots de LANGERHANS et des formes de transition dans le pancréas expérimental et les autres affections de la pathologie humaine, et dans le diabète, va nous en donner l'explication.

Nous avons vu dans le pancréas expérimental l'extrême transformation du parenchyme pancréatique en tissu insulaire, nous nous sommes rendu compte même que certains de ceux-ci étaient lésés soit par de la dégénérescence cellulaire ou par de la sclérose ; mais ces îlots sont en minorité, la plupart sont en voie d'accroissement aux dépens des acini voisins, ce qui est un témoignage de l'activité cellulaire. D'ailleurs, les îlots en ces cas sont nombreux, leurs cellules riches en protoplasme et les vaisseaux normaux.

Y a-t-il des cas en pathologie humaine comparables à ces faits expérimentaux ?

Oui ; l'étude des oblitérations du canal de WIRSUNG, au cours de pancréatites chroniques, nous en apporte la preuve. Nous avons pu faire, dans ces derniers temps, l'étude détaillée d'un de ces cas, et nous rendre compte qu'il était en tous points superposables aux données que nous apporte l'expérience.

Dans ce cas, même transformation acineuse, même accroissement insulaire, même évolution de la glande vers son rôle endocrine.

Il y a donc, dans ces cas non diabétiques, expérimentaux et pathologiques, un très grand nombre de formes de transition de l'acinus vers l'îlot, c'est-à-dire, comme l'appelle LAGUESSE, de déconstruction acinique.

En est-il de même dans le pancréas des diabétiques ? Nullement, ici les îlots sont lésés dans la très grande majorité. En outre, chez ceux-là même qui ne présentent pas ces altérations conjonctives, épithéliales, il est d'autres modifications établissant que l'îlot est arrivé à l'ultime épuisement de sa sécrétion interne. Ce sont la rétraction protoplasmique très accentuée, les inégalités dans le volume respectif des noyaux, ce sont surtout les mutations des îlots de LANGERHANS vers les formes d'évolutions insulo-aciniques, c'est-à-dire l'existence très notable des formes inverses de celles que l'on rencontre en majorité dans le pancréas expérimentaux ou dans ceux atteints de canaliculite oblitérante, mais n'appartenant pas à des individus diabétiques.

Ces formes insulo-aciniques sont dans les pancréas des diabétiques par infection et inflammation canaliculaire d'une extrême abondance. Elles arrivent parfois, comme nous le disions, à occuper la presque totalité du parenchyme glandulaire et se rencontrent alors à toutes les phases de leur évolution depuis le groupement insulaire à cellules sombres jusqu'à la formation acineuse encore reconnaissable par sa répartition en nodules, et par la multiplicité des cellules centro-acineuses.

Or, un fait est ici à remarquer. Tandis que les formes insulo-acineuses sont très abondantes, les formes inverses, c'est-à-dire acino-insulaires sont presque totalement absentes (1). C'est là une preuve que l'îlot est arrivé au terme de son état endocrine et qui constitue une différence essentielle entre le pancréas diabétique et celui atteint de pancréatite oblitérante simple.

Il y a donc, comme on le voit, une perturbation profonde dans l'évolution des îlots de LANGERHANS chargés d'élaborer la sécrétion interne. Perturbation produite par la sclérose péri-insulaire formant une capsule s'opposant à l'accroissement de l'îlot, sclérose interacineuse, qui enserrant les acini ou épaississant les parois des capillaires sanguins, empêche par ce fait la formation d'îlots nouveaux; sclérose capsulaire et canaliculaire d'autre part, qui apportant un arrêt dans la néoformation des membranes de refend et dans la poussée des néocanalicules intercalaires, rendent impossible le retour complet des îlots vers l'acinus. Ce dernier état ayant perdu d'ailleurs toute valeur physiologique, puisque les canaux ne sont plus perméables. De plus, comme nous l'écrivions tout au début de cette discussion, il ne faut pas oublier, et nous devons en tenir grand compte, que le terrain sur lequel se fait l'oblitération et le mode lui-même d'oblitération sont très différents dans l'expérience et dans les sténoses du canal de WIRSUNG par compression de voisinage ou par cancer de la tête du pancréas d'une part, et dans les cas qui déterminent le diabète d'autre part.

(1) Nous avions tout d'abord signalé dans les cas de pancréatite diabétique l'existence des deux formes de transition. Les études en séries de chaque cas que nous venons de faire depuis trois ans nous permettent d'affirmer leur extrême rareté par la non-existence des formes acino-insulaires en cette dernière affection.

Dans les cas d'oblitération expérimentale ou de pancréatites humaines comme par exemple dans les cas d'une sclérose de la tête du pancréas amenant l'oblitération du canal de WIRSUNG, la majorité de la glande est restée saine. Dans l'expérience, par exemple, la glande est restée saine jusqu'au moment où l'on pratiqua la ligature; le pancréas, dans ce cas, n'était atteint par aucune infection ou inflammation canaliculaire, le parenchyme pancréatique n'avait pas à lutter contre quelque processus pathologique; jusque-là, cellules acineuses et cellules insulaires étaient restées intactes. Il n'y avait eu aucune sclérose interacineuse, ce n'est qu'après l'oblitération que celle-ci apparaîtra. Et même, en ce cas, sera-t-elle due à une inflammation pure ? Il y a beaucoup de présomption pour croire que non. Cette sclérose agira conformément au rôle ordinaire du conjonctif, c'est-à-dire en servant de tissu cicatriciel et cherchant à combler les vides laissés par la mortification du parenchyme acineux. De même, dans les cas d'oblitération conjonctive localisée dans un point de la glande, dans les cas de sténose canaliculaire consécutive à un cancer de la tête du pancréas, par exemple, ou à une inflammation d'un organe voisin ayant déterminé une sclérose partielle du pancréas (cancerde l'estomac, de l'intestin, etc.), le tissu conjonctif formant en quelque sorte une cicatrice en un point relativement localisé aura lésé les canaux excréteurs en cet endroit, même sans avoir toutefois diffusé dans le reste de la glande.

En est-il de même dans le diabète ? Ici, ce n'est pas une ligature agissant sur une glande saine et quasi aseptique; ce n'est pas une réaction cicatricielle amenant une constriction en un point déterminé de l'organe; mais au contraire l'oblitération canalaire n'est que la résultante dernière d'un processus infectieux qui, tout en lésant primitivement toutes les ramifications de l'arbre excréteur, a simultanément diffusé dans les lobules, sclérosé le tissu parenchymateux : sclérose extralobulaire, mais surtout intralobulaire dont les effets ont déjà retenti sur la cellule de l'acinus et de l'îlot; sclérose et infection qui, mettant déjà les éléments glandulaires en moindre résistance, les ont lésés dans leur évolution avant même que les sténoses canalaires ne se soient produites et n'aient engendré les ultimes perturbations.

Il faut considérer en outre, qu'avant même que les oblitérations ne se soient produites sur les gros canaux, la sclérose intéressant également et simultanément les canalicules intercalaires a formé autant de centres d'exclusion disséminés dans toute la glande.

Ces sténoses partielles, en se multipliant, détruisent progressivement l'élément acineux générateur de l'îlot et affaiblit de cette façon l'activité fonctionnelle de la glande. Elles la placent dans des conditions défectueuses de réaction, lorsque par la suite se produiront les oblitérations des conduits excréteurs plus volumineux.

Il ne faut donc pas comparer d'une façon absolue le pancréas dans l'expérimentation et dans la pathologie, car si dans les grandes lignes on retrouve une similitude appréciable, il faut cependant reconnaître qu'il y a au point de vue terrain une différence absolue. Dans un cas, la glande expérimentale doit être considérée comme aseptique, dans l'autre, au contraire, la glande dans sa totalité jusque dans ses plus infimes ramifications est infectée. En un mot, tandis que l'organe d'expérience est sain, l'organe pathologique diabétique est, au contraire, le résultat d'une pancréatite chronique diffuse et généralisée.

Tels sont, croyons-nous, les processus qui s'opposent à l'évolution normale des îlots de LANGERHANS. Dans cet ensemble d'altérations, quel sera donc le rôle que l'on peut assigner à chaque partie constituante du pancréas ? Quel est donc, au point de vue de la pathogénie du diabète pancréatique, le retentissement de l'infection canaliculaire sur l'acinus et sur l'îlot ?

Comme on a pu le voir, le tissu acineux, d'une part, et le tissu insulaire de l'autre, ont tout deux une importance considérable dans la génèse du diabète. Le premier créant l'îlot, et ce dernier élaborant la sécrétion interne, on comprend facilement que les lésions du premier retentiront forcément sur le second et amèneront une perturbation inévitable sur sa vitalité.

Or, n'est-ce pas le fait de l'infection canaliculaire ? Dissociant et sclérosant le parenchyme acineux, transformant la glande exocrine en glande endocrine, amenant de plus la lésion, puis la disparition du tissu acineux générateur du tissu insulaire, elle amène d'une façon inévitable un arrêt de néoformation insulaire, lèse les îlots existants et détermine enfin une insuffisance de la sécrétion interne et, partant, le diabète.

Ces études des scléroses canaliculaires et la similitude de la majorité des lésions qu'elles occasionnent avec les altérations expérimentales nous amènent à émettre encore quelques réflexions.

Dès 1905, après avoir décrit l'origine et la répartition des scléroses dans le pancréas des diabétiques, après avoir montré qu'elles avaient un point de départ périphérique, mais surtout périvasculaire ou péricanaliculaire, nous étions arrivés à grouper les formes les plus fréquentes du diabète pancréatique en deux classes et nous les divisions en diabète d'origine vasculaire lésant primitivement l'îlot, et en diabète d'origine canaliculaire par infection ascendante, occasionnant une altération primitive du parenchyme qui secondairement était appelé à retentir sur l'évolution et la génèse des îlots.

Si nous la proposions dès lors, et si nous la soutenons aujourd'hui, ce n'est nullement par simple désir de conciliation à l'égard des théories existantes, mais bien pour nous mettre d'accord avec l'évidence des faits. Ces théories : de « la pérennité insulaire » telle qu'on la conçoit depuis les travaux de DIAMARE, ou celle du rôle endocrine des acini pancréatiques, nous paraissent incomplètes et incompatibles avec la réalité.

Nous affirmons qu'il est impossible d'interpréter l'ensemble des données pathologiques et expérimentales si l'on ne tient compte des liens intimes qui unissent les îlots aux acini pancréatiques; d'ailleurs, l'évidence de ces relations s'impose.

Pourquoi cette transformation insulaire considérable dans les pancréas humains atteints de sclérose et d'oblitération canaliculaire, et pourquoi surtout la prédominance presque exclusive : 1° des formes insulo-aciniques dans les cas de diabète ? Il faut donc que l'îlot de LANGERHANS ait pour rôle d'élaborer la sécrétion interne, puisque la disparition du tissu acineux n'occasionne nullement par elle-même le diabète; il faut, en outre, admettre que les îlots de LANGERHANS aussi bien chez l'adulte que chez l'embryon naissent des acini pancréatiques, car il serait sans cela impossible de comprendre dans ces organes pathologiques ou expérimentaux la substitution du parenchyme insulaire au parenchyme acineux. D'ailleurs, les nombreuses formes de passage nous apportent ici un témoignage formel.

Enfin, il faut admettre encore que les îlots sont des organites éphémères, car on ne pourrait sans cela interpréter l'existence si nombreuse dans certains pancréas diabétiques des formes intermédiaires insulo-acineuses.

Le pancréas nous apparaît donc chez l'homme réagir d'une façon identique à celle que l'on observe chez les différents animaux soumis à l'exclusion pancréatique. Pendant le premier stade consécutif à la sclérose canaliculaire et à l'oblitération successive des petits, moyens et gros canaux, on constate l'évolution de l'acinus vers l'îlot. A ce stade l'individu n'est pas diabétique. Mais peu à peu la sclérose et l'infection s'étendant à toute la glande, détruisant les acini ainsi que les tubes indifférents, s'opposant, en outre, par ses anneaux à la formation de nouveaux îlots, lésant même ceux qui existent, déterminent une insuffisance de la sécrétion insulaire.

Telle est la marche des lésions qui engendrent dans une certaine mesure le diabète pancréatique. Le grand facteur étiologique signalé déjà maintes fois est l'infection canaliculaire ascendante, quelles que soient les causes qui puissent déterminer celle-ci. Sur 6 cas personnels, 4 cas rentrent d'une façon absolue dans cette catégorie, et les lésions que nous observâmes dans chacune des observations peuvent se superposer avec une analogie parfaite.

Mais à côté de ce groupement d'altérations d'autres viennent s'adjoindre; dans 2 autres cas, dont un fut publié dans notre thèse, nous avons une prédominance vasculaire. Sans doute existe-t-il encore d'autres modalités pathologiques qui, à l'instar de cette pancréatite chronique par lésion canaliculaire ascendante, viendront s'ajouter aux formes insulaires primitives; elles contribueront ainsi à élucider d'une façon complète la pathogénie et l'étiologie du diabète pancréatique.

[library stamp]

Du diabète pancréatique à forme vasculaire primitive

Communication de la *Société Centrale de Médecine du Nord*
Echo Médical du Nord, 1909

Nous ne nous étendrons pas sur cette communication car elle est contenue in-extenso dans le mémoire suivant :

Le pancréas dans le diabète pancréatique

Bulletin de la Société anatomique de Paris, mai 1910.

Dans ce mémoire nous groupons nos 8 cas de diabète pancréatique. Tout d'abord nous refaisons l'historique succinct de la question puis nous passons en revue les mémoires des auteurs qui commencent à accepter les faits que nous soutenons.

La question posée, nous donnons une description détaillée de nos 8 cas, et enfin dans un troisième chapitre nous discutons les différentes théories et faits apportés.

Nous donnons cette discussion en entier car elle forme la suite, en quelque sorte, de la discussion de notre thèse.

Si nous passons maintenant en revue les huit observations que nous venons de décrire et surtout si nous cherchons à les grouper, nous les voyons d'elles-mêmes se ranger en deux classes très nettes. D'une part, les 5 premières rentrent dans la catégorie des pancréatites d'origine canaliculaire, d'autre part, les 3 autres, rentrent dans la classe des pancréatites d'origine vasculaire.

Bien plus, en examinant l'aspect macroscopique, l'état même de la glande, le type des altérations histologiques, on se rend compte qu'il existe une différence sensible entre les deux formes, qui permet de les séparer non seulement à l'examen microscopique mais bien souvent sur la table d'autopsie.

Nous résumerons donc les caractères de ces deux formes de pancréatite diabétique en commençant par la forme canaliculaire. A l'autopsie, le pancréas apparait perdu au milieu d'une masse graisseuse très développée. Les lobules sont morcelés, séparés les uns des autres par des ponts graisseux très développés qui les isolent parfois totalement du reste de la glande.

Les régions où le tissu glandulaire est conservé sont atteintes de sclérose à divers degrés. Tantôt la disparition lobulée normale est encore conservée, mais ce fait est rare. Le plus souvent la prolifération conjonctive forme un stroma compact dans lequel se trouvent inclus les territoires parenchymateux. Il y a, en ces cas, une véritable fusion de sclérose périlobulaire et de sclérose intralobulaire si bien qu'il n'existe en ces régions que des aspects de sclérose intéracineuse et parfois même mono-acineuse.

Dans ces cas (observations 1, 2, 3, 4, 5), les voies d'excrétion, quel que soit leur calibre (gros canaux, moyens canalicules, canaux intercalaires) sont le siège d'une réaction conjonctive réelle le plus souvent intense, mais diversement accusée suivant les régions.

Cette réaction se traduit par un épaississement des tuniques, par une irradiation des fibriles conjonctives entre les acini voisins, par une extension de plus en plus accentuée de cette sclérose canaliculaire périphérique. Celle-ci contribue à former le stroma général de la sclérose interacineuse; enfin, par un processus sténosant qui aboutit à l'obstruction canaliculaire en certains points, et détermine secondairement des dilatations canaliculaires en d'autres lieux

Ces sténoses, ces dilatations, les transformations mêmes de l'épithélium des canalicules ont déjà été pour nous l'objet de publications diverses; nous n'y reviendrons pas de nouveau dans ce mémoire.

Nous nous étendrons un peu plus sur l'état du parenchyme pancréatique. Dans ces formes canaliculaires le parenchyme pancréatique, considérablement détruit n'est plus représenté que par des vestiges lobulaïres de volume variable et disséminés dans de la graisse; graisse qui a d'ailleurs elle-même une topographie lobulaire et dans laquelle on retrouve toujours des vestiges glandulaires (Ilots en voie de sclérose ou canaux oblitérés). Or, si l'on examine en coupe sériées ces nappes parenchymateuses encore relativement épargnées par l'envahissement graisseux, on se rend compte que ce tissu est loin de ressembler au tissu acineux du pancréas normal. Certes, il existe encore des acini normaux mais ceux-ci sont rares, et ce que l'on voit surtout ce sont des groupements cellulaires de 16,20, 30 cellules acineuses, souvent plus, et contenant toujours un nombre considérable de cellules centro-acineuses. Souvent ces pseudo-acini sont disposés en petits groupes, nettement séparés les uns des autres par une barrière conjonctive, parfois même près d'eux ou au milieu d'eux, se trouvent un amas cellulaire plus développé et plus dense et pour peu que l'on suive la série des coupes, on se rend bientôt compte que l'on est en présence de phases ultimes de formes de transition insulo-acineuse. D'ailleurs, ces formes sont extrêmement nombreuses et dans bien des régions; il est permis de dire que le parenchyme conservé est presqu'exclusivement constitué par elles.

Il nous resterait encore à dire quelques mots des îlots de LANGERHANS dans ces formes canaliculaires. A première vue lorsqu'on ne tient compte dans les numérations que du tissu pancréatique épargné par la graisse et lorsqu'on reporte au millimètre carré le nombre d'îlots constaté dans ce tissu glandulaire épargné, il arrive que les moyennes par millimètre carré soient à peu de chose près les mêmes que celles que l'on constate dans les pancréas normaux. Mais si au contraire on tient compte de l'ancienne superficie du pancréas normal et que l'on reporte le nombre d'îlots à l'étendue même du territoire pancréatique total dont la plus grande partie est représentée ici par de la graisse on se rend compte qu'il existe une diminution considérable du nombre des îlots.

De plus, il nous suffira de rappeler en terminant que tous ces îlots conservés sont atteints à divers degrés. Les uns présentent de la sclérose d'autres de la dégénérescence hyaline, d'autres enfin des hémorragies. Il en est enfin, et ceci pour nous a une très grande valeur, qui par un pôle présentent des cellules atrophiées possédant des noyaux de grosseur irrégulière, et qui, par un pôle opposé, commencent à présenter l'aspect de la forme insulo-acineuse. Il nous resterait en parlant de l'état pathologique de ces îlots à parler de l'état graisseux des cellules insulaires. En effet, dans ces dernières années, on a donné (MM. CARNOT et AMET, en particulier), à cette dégénérescence une importance très grande qui ne nous paraît nullement justifiée. A notre avis, il est extrêmement difficile de déterminer le moment où la cellule insulaire est atteinte (ou pas) de dégénérescence graisseuse et ce n'est que dans les cas où la cellule sera transformée totalement en un bloc graisseux cachant le noyau que l'on pourra le dire.

D'après les recherches que personnellement nous fîmes sur le chien, sur le cobaye, sur les ophidiens, sur des suppliciés, sur des individus morts instantanément au cours de traumatisme grave (suicide, meurtre) ; nous pouvons affirmer ainsi que M. STALNG l'avait décrit en 1901, ainsi que M. LAGUESSE le signala depuis, ainsi que nous le faisions déjà observer en 1905 qu'il y a toujours dans les cellules de l'îlot de LANREGHANS des substances graisseuses lipoïdes disposées en fines gouttelettes souvent même claires dans leur centre (RINGFORMEN de STANGL) et qu'il n'y a pas de raison sauf dans certains cas très rares de dire que les cellules des îlots de LANGERHANS sont atteintes de dégénérescence graisseuse qu'il n'y aurait de raison de dire que les cellules de la corticale surrénale qui contiennent également des lipoïdes présentent cette dégénérescence.

Forme vasculaire. Si nous passons en revue nos trois dernières observations, VI, VII, VIII, nous voyons que celles-ci, au point de vue anatomo-pathologique, diffèrent sensiblement des précédentes.

Ici, pas d'infiltration graisseuse : le pancréas est plutôt petit, atrophié, dur, scléreux et conserve relativement sa forme normale. On pourrait comparer ces cas à la forme décrite par HANSEMANN, sous le nom de (granular Atrophie).

Ici, les canaux sont intacts ou peu lésés ; le parenchyme n'est nullement dissocié par la graisse. De plus, les différences s'accusent encore quand on étudie la répartition de la sclérose et l'état des îlots.

Nous signalerons tout d'abord, dans les cas de pancréatite d'origine vasculaire l'existence d'une stase lymphatique importante. Celle-ci, en effet, comme dans notre cas VIII, est extrêmement développée et dissocie, même complètement les travées scléreuses interlobulaires. Cette stase très nette encore dans les cas VII et VI ne paraît pas exister ou très faiblement alors dans les cas 1, 2, 3, 4, 5.

L'étude de la sclérose est surtout intéressante, car, dans sa forme générale, elle ne ressemble nullement à celle que l'on constate dans le type canaliculaire.

Ici, pas de grandes bandes se dirigeant d'un canal à l'autre; pas de ces travées très étendues remplies de grosses nappes graisseuses, isolant et dissociant les lobules; pas de stroma large, épais et dense au milieu duquel se trouvent de nombreuses formes de transition. Mais au contraire, une sclérose interacineuse, fine, ténue, à mailles très étroites et dans lesquelles se trouvent des acini en voie d'atrophie.

Le cas VII nous en montre le début; le cas VIII et surtout le cas VI nous en donnent au contraire les phases ultimes.

Dans le cas VII, en effet, nous assistons tout d'abord à une réaction cellulaire délicate, au niveau des espaces et des capillaires interacineux. Les cellules tout d'abord sont rondes, puis effilées, enfin les mailles conjonctives se forment, se resserrent et commencent à segmenter et à diviser les acini ou les formes de transition, si bien que lorsque le processus scléreux est arrivé à la période d'état, il ne reste plus dans toute l'étendue des coupes que des acini de très petit volume répandus uniformément dans les mailles fines de la sclérose.

Bien plus, des remaniements se font encore, les segmentations des acini arrivent à un degré d'atrophie tel que bien souvent un acinus n'est plus représenté que par deux ou même une cellule.

Ce sont ces formes monocellulaires décrites tout d'abord par Lemoine et Launois dès 1891 sous le nom de sclérose mono-cellulaire et que nous décrivîmes avec M. Curtis sous le nom de « sclérose amorphe dissociante », insistant surtout sur ce fait que ces aspects de sclérose mono-cellulaire étaient dus à l'exagération du phénomène normal de la lobulation acinique.

Ilots

Nous ne dirons qu'un mot sur les différentes altérations insulaires car elles sont sensiblement les mêmes que dans la forme canaliculaire. Toutefois, nous ferons remarquer qu'ici les lésions sont souvent plus accusées.

De plus, loin d'avoir de grandes dimensions, les îlots sont, au contraire, de petite étendue; aussi faut-il parfois les chercher avec soin sur plusieurs coupes pour les repérer.

Cette diminution de volume vient de ce processus de morcellement qui est, en quelque sorte, le caractère typique de ces formes vasculaires, et dans ces cas, il n'est pas rare de voir un îlot de 100 μ cloisonné et recloisonné par la sclérose, en 5 ou 6 logettes; ce qui, à un examen superficiel, pourrait le faire prendre pour des acini.

C'est ce qui fait qu'à l'étude de ces coupes on est immédiatement frappé du petit nombre d'îlots de Langerhans. Cette diminution est d'ailleurs réelle et atteint souvent la moitié ou le tiers du chiffre normal.

Un autre point est encore intéressant : c'est celui qui a rapport aux formes de transition.

Dans toutes les régions où la sclérose fine et mono-acineuse a atteint un grand développement il est presque impossible de rencontrer une forme de transition soit insulo-acineuse, soit acino-insulaire.

Notre cas VI est tout à fait probant à ce sujet.

Nos cas VII et VIII permirent de nous rendre compte de la cause de ce phénomène.

En suivant, en effet, la marche de la sclérose depuis les régions encore relativement épargnées jusqu'aux endroits très scléreux et présentant même de la sclérose monocellulaire on peut percevoir le mode de désorganisation des formes de transitions.

Si celles-ci sont encore facilement perceptibles dans les régoins où la sclérose est peu ou à peine développée, on assiste au contraire, à mesure que celle-ci s'accroît, à l'envahissement des formes de transition par le tissu conjonctif. Leur morcellement acquiert bientôt un degré tel qu'il est impossible finalement de reconnaître un groupement de cellules en évolution comme il était également extrêmement difficile de reconnaître un îlot.

Voici donc les deux formes ordinaires de pancréatites chroniques que l'on rencontre le plus souvent dans les cas de diabète.

L'une, d'origine canaliculaire, à grandes travées conjonctives, à grosses lésions du système excréteur, avec envahissement et destruction du parenchyme pancréatique. Pancréatite dans laquelle on trouve un nombre considérable de formes de transition insulo-acineuse; formes de transition tellement nombreuses, que parfois le parenchyme en parait être uniquement constitué.

Pancréatite chronique où les îlots sont très lésés ou au stade ultime de leur fonction sécrétoire endogène, puisque dans l'étude en série, nous les retrouvons en voie de régression. Ilots d'ailleurs réduits considérablement de nombre lorsqu'on les compare au pourcentage normal.

L'autre, d'origine vasculaire, sans infiltration graisseuse développée, présentant des voies d'excrétion intactes ou peu altérées comparativement à la forme canaliculaire. Forme vasculaire : où l'on rencontre, surtout une : sclérose fine, du type que nous avons jadis décrit avec M. Curtis (sous le nom de sclérose amorphe dissociante). Type de pancréatite enfin où les îlots sont rares, petits, dissociés, segmentés, presque toujours très scléreux et altérés sous les différents types ordinaires de lésions insulaires.

Pancréatite enfin où l'on rencontre encore au début des formes de transition entre le parenchyme endocrine et exocrine, mais où ces rapports ne tardent pas à être imperceptibles par suite des progrès sans cesse croissants de la sclérose.

Si ces pancréatites au point de vue pathogénique et étiologique, paraissent relever de causes différentes (et déjà, dans une de nos publications antérieures nous nous sommes efforcés de tracer la pathogénie du diabète pancréatique d'origine canaliculaire), elles tendent cependant, toutes deux, vers une même résultante au point de vue physio-pathologique, puisque, l'une comme l'autre, aboutissent à l'insuffisance de la fonction endocrine pancréatique d'où résulte le diabète.

Et dans les 8 cas que nous groupons ici, nous pouvons affirmer que parmi la chaîne des organes de sécrétion interne, le pancréas jouait le rôle principal dans la détermination de ces diabètes, car nous avons pris la précaution d'examiner pour chaque cas : le foie, les surrénales, la thyroïde, la pituitaire et chaque fois ces glandes nous sont apparues ou normales ou infiniment peu altérées comparativement aux lésions avancées et vieilles du pancréas.

Et en parlant d'insuffisance langerhansienne, nous arrivons au cœur même de la discussion.

Depuis que M. Lépine a, pour la première fois, prononcé en 1889 le mot de sécrétion interne pancréatique et considéré le pancréas comme « *une sorte de glande vasculaire sanguine* » dans laquelle il considérait la cellule acineuse comme douée d'une sécrétion bipolaire : l'une digestive, l'autre sanguine. Et depuis que Laguesse, en 1893, attribua aux îlots de Langerhans la propriété d'élaborer cette susdite sécrétion interne. Toute la discussion des histologistes, cliniciens, anatomo-pathologistes, physiologistes même, gravite autour de ce problème : sont-ce des îlots ? Sont-ce les acini qui élaborent la sécrétion interne? Pour notre part, nous répondrons : ce sont les îlots de Langerhans qui élaborent la sécrétion interne et toute lésion ou perturbation dans leur évolution, LORSQU'ELLE EST SUFFISANTE, peut amener le trouble sécrétoire d'où résulte le diabète.

Et voici les raisons qui nous font admettre cette opinion :

Jadis, en 1905, lorsque nous discutions les preuves en faveur de la théorie insulaire et lorsque nous examinions les 137 cas étudiés, que nous avions pu réunir dans la littérature, nous étions encore quelque peu obligé par instants, tout en nous appuyant sur six cas où seuls, les îlots étaient lésés, de tenir compte de considérations *à priori* et nous écrivîmes alors : « Si l'on tient compte de ce fait que les lésions de l'îlot sont dans une certaine mesure subordonnées à celles du parenchyme et que plus l'une se développe, plus il y aura des chances de rencontrer les autres, on se rendra compte que les diverses combinaisons du tableau de Sauerbeck « Parenchyme lésé, îlots normaux, Parenchyme et îlots lésés, Parenchyme normal et Ilots lésé » ont beaucoup de chances de se réaliser avec la fréquence relative que précisément sa courbe indique. Aussi, est-il évident que tandis que l'on rencontre souvent le groupement : îlots lésés, parenchyme lésé, il sera rare de trouver l'une des formes : îlot normal, parenchyme lésé, ou inversement : îlot lésé, parenchyme normal.

L'on pourrait même dire, écrivions-nous alors, que ces cas s'annihilent les uns et les autres, et que seuls ont une valeur, au point de vue de la sécrétion insulaire les 6 cas où Sauerbeck signale: diabète pancréatique, îlots lésés, parenchyme normal. Mais actuellement, ces seules preuves ne nous paraissent plus suffisantes et les faits se sont accumulés qui montrent indiscutablement le rôle endocrine des îlots.

Ces faits sont d'ordre embryologique, anatomique expérimental, pathologique.

D'ordre embryologique, ces preuves ont déjà été données maintes fois par M. Laguesse. Il suffit de se rappeler que, quel que soit la catégorie de vertébré, les îlots de Langerhans du type primaire, apparaissent chez l'embryon bien avant la formation des acini et bien avant qu'il ne soit question d'une sécrétion externe; de plus, ils sont, chez l'embryon et le nouveau-né, particulièrement nombreux.

Preuves d'ordre anatomo-histologique :

1° Ces îlots, nombreux dès la période embryonnaire, persistent en nombre important jusqu'à la mort; celle-ci même survenant aux stades ultimes de la vieillesse.

2° On les rencontre chez tous les vertébrés, et l'on peut même ajouter à ce sujet, que ce sont eux qui caractérisent le tissu pancréatique. Ce dernier ne pouvant guère exister indépendamment d'eux; c'est d'ailleurs ce que l'on constate chaque fois qu'il est donné d'examiner un pancréas surnuméraire ainsi que notre collègue et ami Debeyre le signalait dans sa thèse.

D'ordre histologique. — M. Lépine considérait dès 1889, le pancréas comme une sorte de glande vasculaire sanguine. Mais dans le pancréas, quelle est la partie qui, véritablement a la structure d'une glande vasculaire sanguine sinon l'îlot de Langerhans ?

Evidente à tout âge et chez tous les vertébrés, écrit Laguesse, ce type de glande de vasculaire sanguine est particulièrement net, non seulement chez le mouton et son embryon, mais aussi chez l'homme adulte et chez tous les vertébrés.

Les canaux excréteurs n'y pénètrent pas ou s'y terminent de suite; l'îlot lui-même est exclusivement constitué de cordons cellulaires sclérosés, anastomosés, séparés par de larges capillaires sanguins, tortueux, irréguliers dilatés également anastomosés en réseau. Disposition retrouvée par Schaefer, Von Ebner, Diamare. De plus, ces cellules cordonnales sont particulièrement riches en matières de sécrétion. Chez le mouton, chez les ophidiens, même après un jeûne très prolongé, nous avons pu nous en rendre compte personnellement, alors que presque tous les acini sont privés de grains de sécrétion, les îlots de Langerhans seuls, sont particulièrement riches en grains de zymogène et se colorent très vivement. Enfin, dans tous ces cas, lorsque la cellule est en pleine phase sécrétoire endocrine et ceci se voit particulièrement bien chez l'homme et surtout chez les ophidiens, le matériel granuleux de sécrétion est accumulé au contact du capillaire et le noyau rejeté au pôle opposé de la cellule.

Causes d'ordre expérimental. — Celles-ci sont peut-être les plus importantes et nous nous attacherons à les discuter un peu plus longuement.

La preuve la plus évidente du rôle endocrine des îlots de Langerhans nous est surtout donnée par les exclusions pancréatiques. Celles-ci furent tout d'abord apportées par Walter Schultze et par Ssobolew, puis reprises et particulièrement étudiées par MM. Laguesse et Gontier de la Roche (1903), dont nous pûmes suivre les expériences dans le laboratoire. Schultze exclut, chez le cobaye, des lobes entiers de pancréas par ligature en masse. Il voit dans la portion liée, la glande exocrine (acini) disparaître, tandis que les îlots persistent seuls.

Ssobolew pratique des exclusions pancréatiques complètes et constate pareil fait chez le lapin tout en notant l'absence de glycosurie.

Laguesse et Gontier de la Roche reprirent en 1902 et 1903 ces mêmes expériences chez le cobaye et chez le lapin. Ils arrivèrent même à conserver pendant 25 mois en très bonne santé un de ces lapins, à pancréas exclu par suite de ligature et résection du canal de Wirsung. A l'autopsie, ils constatèrent que le pancréas était réduit à une traînée graisseuse, la glande exocrine (acini) était complètement disparue, seuls persistaient de très nombreux îlots (au niveau de la queue surtout) disséminés dans cette masse graisseuse.

Dernièrement encore, même expérience fut faite et nous pûmes, M. Laguesse et moi, nous rendre compte qu'un lapin dont on avait exclu le pancréas il y a trente mois put se développer d'une façon absolument normale. Des analyses d'urines, fréquemment répétées, ne nous donnèrent jamais les moindres traces de sucre. A sa mort l'urine et le liquide d'ascite furent examinés par M. Lamblin et le résultat, au point de vue du sucre, fut négatif. Et là encore le pancréas, réduit à une nappe graisseuse, était difficilement reconnaissable. Là encore, il ne restait plus trace d'acini; seuls persistaient des îlots bien formés.

Dans ces dernières années, les partisans de la théorie acineuse se sont appuyés sur les données expérimentales apportées par Lombroso, qui, chez le pigeon montra : 1° que l'on pouvait extraire tout le pancréas sans qu'il y ait de diabète; 2° que l'on pouvait lier les canaux pancréatiques sans que les acini ne viennent à disparaître complètement, ceux-ci même parvenant parfois à se régénérer au bout d'un certain temps.

Les expériences de Lombroso ne sont cependant pas à l'abri de toutes critiques.

Il existe chez le pigeon (et nous nous en sommes rendu compte par nous-même, car nous étudions depuis plus d'un an le pancréas du pigeon, avec M. Laguesse) 3 pancréas : l'un ventral, divisé en 2 segments; le second dorsal, le troisième beaucoup plus petit, éloigné souvent des autres et séparé même parfois des 2 premiers et qui se trouve accolé à la rate. Or, ce dernier segment du pancréas ne fut jamais enlevé, croyons-nous par Lombroso. D'abord, parce qu'il est difficilement perceptible au cours d'une opération; 2° parce qu'il est en contact intime avec une veine de gros calibre à paroi très fine et que l'on rupturerait sûrement si l'on voulait pratiquer l'ablation.

Deux mots encore sur la persistance des acini après ligature des canaux ventraux.

Nous ferons remarquer qu'il y a très souvent chez le pigeon, comme M. Laguesse vient de s'en rendre compte, des anastomoses entre les différents canaux pancréatiques (canaux ventraux, tout au moins), et qu'il n'y a rien d'étonnant en ce cas de voir des acini pancréatiques persister.

Bien plus, Lombroso en liant les canaux ventraux n'a pas ligaturé en même temps le canal dorsal. Or, entre le pancréas ventral et le pancréas dorsal il n'y a qu'une très fine membrane conjonctive d'une ténuité extrême et il peut très bien se faire des anastomoses canaliculaires à cet endroit.
Celles-ci peuvent même exister normalement. Car si nous suivons la série des oiseaux, nous voyons que chez le poulet les anastomoses entre le pancréas dorsal et ventral sont un fait normal. Les recherches de Lombroso, tout en étant extrêmement intéressantes, ne peuvent donc pas être considérées comme devant être l'expérience cruciale qui décide des fonctions secrétoires, soit des acini, soit des îlots.

Dans cet ordre expérimental, il nous reste à répondre aux objections portées par M. Lépine, à la théorie insulaire lors de son dernier article dans la revue de médecine.

Ce qui aurait de l'importance, écrit M. Lépine, ce serait l'augmentation du nombre ou du volume des îlots par l'alimentation sucrée; mais les observations les plus exactes ne l'ont pas constatée.

A cette objection, nous opposerons, par exemple, les faits apportés par Ssobolew, par Marassini qui montrent que chez les animaux gavés d'hydrates de carbone les cellules de l'îlot deviennent plus granuleuses. Pour Marassini, les îlots eux-mêmes seraient, en ce cas, atteints d'hypertrophie.

Et même, si ces cas ne sont pas plus nombreux et plus nets, c'est qu'il faut peut-être tenir un grand compte de l'état du foie qui joue un rôle très important dans la répartition des hydrates de carbone dans l'organisme.

M. Lépine écrit également : « La ligature du canal de Wirsung n'agit « pas sur les nerfs; elle n'est pas douloureuse. Elle ne retentit pas d'une manière » notable sur les îlots et ne paraît avoir d'autre effet que d'augmenter la pression » dans les canaux et canalicules excréteurs. L'excès de pression tend, en consé- » quence, à faire passer dans les vaisseaux quelque chose du protoplasma » des cellules des acini. On voit que l'effet de cette ligature est en opposition » avec la théorie de Laguesse ».

On sait, ajoute-t-il, que Hedon et Thiroloix en injectant de la paraffine dans le conduit de Wirsung produisent une glycosurie temporaire.

A cette conclusion, nous opposerons la série ininterrompue des faits nombreux que nous avons pu constater depuis 1902-1903 au cours de multiples expériences.

Lorsque l'on pratique une ligature du canal de Wirsung, il se produit toujours, dans les 3 premiers jours, des lésions importantes au niveau de nombreux îlots.

Ceux-ci présentent une dilatation capillaire intense, certains même sont le siège de véritables hémorragies qui les détruit presque totalement. De plus, lorsque l'animal survit (et M. Laguesse et Gontier de la Roche l'ont bien montré), lorsque l'équilibre sucré s'est établi, à ce moment si on sacrifie l'animal, on constate que tandis que beaucoup d'îlots anciens sont lésés, il existe maintenant de nombreux petits îlots de nouvelle formation.

Nous répétâmes maintes fois ces expériences et toujours nous pûmes constater les mêmes résultats.

Nous verrons même dans le prochain mémoire que nous écrirons sur les pancréatites non diabétiques, comment d'autres interventions qui même ne portent pas sur le pancréas amènent cependant de grosses perturbations au niveau de ce dernier et particulièrement au niveau des îlots et produisent dans ces cas de la glycosurie transitoire.

Nous pourrions même ajouter, dans cet ordre de preuves expérimentales, l'étude des greffes pancréatiques sous-cutanées que fit Ssobolew en 1901-1902 dans lesquelles, au cinquantième jour et au cent-trentième jour il ne trouva plus : dans le premier cas, que quelques nodules épithéliaux, gros comme des petits pois, constitués par des lobules (acini), fortement atrophiés, et des îlots assez bien conservés ; et, dans le second cas : quelques nodules grisâtres consistant en restes de canaux excréteurs, en un petit nombre d'îlots, et de ganglions nerveux modifiés.

Mais Ssobolew a étudié sur le chien, où les îlots sont très difficiles à observer. Il serait très intéressant de refaire ces expériences sur d'autres animaux, le lapin, par exemple, où les résultats, croyons-nous, seraient du plus haut intérêt et démontreraient sans aucun doute la part prépondérante si pas absolue que prend l'îlot dans la sécrétion interne pancréatique. Nous pourrions à ce faisceau de preuves ajouter encore les faits que nous apportent l'histologie pathologique humaine et nous demander pourquoi, dans les cas de pancréatite non diabétique, on voit se former tant d'îlots, pourquoi dans ces cas où l'on ne rencontre pas de glycosurie on constate un effort manifeste de la glande à se transformer en îlot tout à fait comparable à celui que l'on constate au cours de l'expérimentation. Mais nous reviendrons sur ce sujet en étudiant les pancréatites chroniques non diabétiques. Tels sont les faits qui nous ont poussé à admettre le rôle endocrine de l'îlot de Langerhans, et qui même nous portent à croire que dans tout le pancréas, l'îlot seul est chargé d'élaborer cette sécrétion interne. Peut-être dans quelques cas les acini peuvent-ils également jouer un rôle endocrine, les quelques groupements d'acini, à périphérie granuleuse, que nous observâmes dans les pancréatites chroniques non diabétiques, et que M. Laguesse décrivit chez l'homme normal, nous y font penser ; mais nous sommes convaincus que ce rôle endocrine des acini est, en tout cas, extrêmement peu important.

Au terme même de cette discussion, il nous reste maintenant à envisager la question du balancement (Laguesse) et à étudier les rapports qui existent entre le parenchyme acineux et le parenchyme insulaire, à voir quelle en est l'importance et la perturbation amenée par les lésions dans l'évolution réciproque des deux parenchymes.

En décrivant dans le détail nos observations nous avons montré par quels rapports intimes les deux parenchymes pancréatiques (îlots et acini) étaient liés.

Et surtout dans les formes canaliculaires nous avons montré les nombreuses continuités qui mettaient les cordons cellulaires de l'îlot en contact immédiat avec cellules acineuses. Nous avons même indiqué dans un de nos cas particulièrement (cas II), la présence de canaux intercalaires dans les zones excentriques de l'îlot ; nous avons enfin insisté sur ce fait des plus importants à savoir que l'examen en série de ces îlots nous montrait presque toujours l'ébauche au retour de cet îlot vers l'acinus.

De plus, en étudiant les formes de transition elles-mêmes, qui se présentent dans le pancréas des diabétiques surtout sous le type insulo-acineux, nous avons montré leur transformations successives depuis la masse quasi insulaire jusqu'à l'aspect quasi acineux et même acineux. Depuis cinq ans, nous avons déjà maintes fois insisté sur ces formes pour que nous n'y ayons plus ici à y revenir.

Mais aujourd'hui, nous ne sommes plus les seuls à constater ces formes insulo-acineuses, car nous voyons Karakascheff et Herxheimer les décrire dans leurs cas.

Tous deux admettent d'une façon très nette les continuités entre le parenchyme insulaire et acineux, tous deux décrivent la formation d'acini aux dépens de l'îlot. Et si leur interprétation pathogénique du diabète pancréatique souffre encore d'un certain malaise, c'est que tous deux n'ont vu qu'un des stades : l'insulo-acineux ou stade de retour.

Quoi d'étonnant d'ailleurs à ce que leur observation du cycle soit incomplète puisque dans le pancréas des diabétiques on ne rencontre précisément que le stade de retour, le stade d'aller étant ou très anormal ou infiniment rare. Rien donc n'est plus naturel et tout en s'éloignant encore de nous sur la question du fonctionnement endocrine des tissus, ces deux auteurs se rangent à nos côtés par la description même de leurs observations.

Comment expliquer maintenant la pathogénie du diabète pancréatique ? Nous ne pouvons répéter ici que ce que maintes fois déjà nous avons écrit sur ce sujet.

Deux processus sont à envisager tout d'abord suivant que la lésion se présente avec une origine canaliculaire ou une origine vasculaire. Dans la forme canaliculaire, l'oblitération canalaire sur laquelle nous insistâmes particulièrement (en 1908), est la résultante d'un processus infectieux qui, tout en lésant primitivement toutes les ramifications de l'arbre excréteur, a simultanément diffusé dans les lobules et sclérosé le tissu parenchymateux : sclérose extra-lobulaire, et surtout intra-lobulaire dont les effets ont déjà retenti sur la cellule de l'acinus et de l'îlot. Sclérose et infection qui mettent déjà les éléments glandulaires en moindre résistance; les uns lésés dans leur évolution avant même que les sténoses canaliculaires ne se soient produites et n'aient engendré les ultimes perturbations.

Sclérose et infection qui, intéressant en même temps que les gros canaux, les canalicules intercalaires ont formé autant de centres d'exclusion disséminés dans toute la glande.

Ces sténoses partielles, en se multipliant, détruisent progressivement l'élément acineux générateur de l'îlot et affaiblissent de cette façon l'activité fonctionnelle de la glande. Elles la placent dans des conditions défectueuses de réaction lorsque, par la suite, se produisent les oblitérations des conduits excréteurs plus volumineux.

Tels sont, croyons-nous, les processus qui s'opposent à l'évolution normale des îlots de LANGERHANS. Dans cet ensemble d'altérations, quel sera donc le rôle que l'on peut assigner à chaque partie constituante du pancréas ? Quel est donc, au point de vue de la pathogénie du diabète pancréatique, le retentissement de l'infection canaliculaire sur l'acinus et sur l'îlot ?

Les lésions du tissu acineux d'une part, et du tissu insulaire d'autre part, ont toutes deux une importance presque égale dans la génèse du diabète. Le tissu acineux créant l'îlot, et ce dernier élaborant la sécrétion interne, on comprend facilement que les lésions du premier retentiront forcément sur le second et amèneront une perturbation considérable dans sa vitalité. Or, que fait l'infection canaliculaire ? Elle dissocie et sclérose le parenchyme acineux, amené au début, comme nous le verrons dans les pancréatites non diabétiques, la transformation de la glande exocrine en glande endocrine qu'elle lèse ensuite. Elle est cause de lésions graves au niveau du parenchyme acineux générateur d'îlot et amène par cela même un arrêt inévitable de néoformation insulaire. Cette sclérose enfin lèse les îlots existants et détermine de cette façon une insuffisance de la sécrétion interne. Que fait de son côté l'infection d'origine vasculaire ? Ici, la lésion a porté vers les régions les plus vasculaires du pancréas, et quelles sont ces dernières sinon les îlots de LANGERHANS eux-mêmes. Aussi, est-ce dans ces cas que l'on voit le plus nettement marquées les scléroses primitives insulaires avec : morcellement de l'îlot, dissociation des éléments, et dégénérescence hyaline des capillaires lésés.

Mais ici, dans ces cas vasculaires les îlots sont lésés de très bonne heure, les acini sont touchés en quelque sorte simultanément. En même temps que la sclérose insulaire, nous avons vu se former la sclérose acineuse ,mono-acineuse et même mono-cellulaire, qui toutes s'opposeront à la formation d'îlots nouveaux.

Ainsi donc lorsqu'on arrive au terme même de la discussion, que ce soit dans la forme canaliculaire, ou dans la forme vasculaire, on se voit contraint de tenir compte des rapports intimes qui unissent les îlots et les acini; car, tandis que les îlots qui existent encore dans les pancréas des diabétiques sont ou lésés, ou aux dernières phases de leur période de sécrétion interne (et les ébauches de retour insulo-acineuses en sont le témoignage le plus probant), il est extrêmement difficile de constater de formes nettes acino-insulaires, c'est-à-dire d'îlots en voie d'accroissement ou de formation.

Il y a cependant en certains cas une sorte d'effort de la part du parenchyme acineux, une tentative de néoformation insulaire soit aux dépens des tubes indifférents, soit même et surtout aux dépens d'acini. Mais toujours ces ébauches sont peu nettes, et nous ne pûmes suivre dans ces cas de pancréatites diabétiques, la néoformation absolue d'un îlot de LANGERHANS.

Telles sont les données histologiques et pathogéniques que nous ont suggérées les études expérimentales et anatomo-pathologiques que nous poursuivons dans les laboratoires de MM. CURTIS et LAGUESSE. En concluant, nous voyons que le diabète d'origine pancréatique est dû à une lésion des îlots, soit primitive, soit secondaire, ainsi qu'à une perturbation considérable du phénomène décrit par LAGUESSE sous le nom de balancement.

Dans les pancréas diabétiques, nous assistons à la seconde phase du balancement, c'est-à-dire à la phase d'épuisement insulaire, phase que nous appelâmes sous le nom de « Sénilité insulaire ». Nous verrons, au contraire, dans l'étude prochaine que nous ferons sur les pancréatites chroniques non diabétiques, que dans ces derniers cas, c'est la phase inverse du balancement qui est la plus marquée et que c'est précisément ces deux ordres de phénomènes qui distinguent les deux classes des pancréatites chroniques. L'une : pancréatites chroniques diabétiques se traduit par : îlots lésés, raréfiés, séniles, formes nombreuses de transition insulo-acineuses. L'autre : pancréatites chroniques non diabétiques : îlots beaucoup moins lésés, souvent plus nombreux que normalement; formes jeunes, acino-insulaires prédominant d'une façon parfois considérable sur les formes de retour.

Toutes deux qui, à première vue se différencient l'une de l'autre par suite des perturbations physiologiques qu'elles déterminent, nous paraissent, au contraire, intimement liées l'une à l'autre par les liens étroits de l'évolution du parenchyme pancréatique. Aussi, nous est-il permis de dire en terminant : Le diabète n'est pas seulement l'expression de l'insuffisance insulaire, mais encore la manifestation de l'insuffisance totale du pancréas, car s'il est indiscutable que ce soit la lésion insulaire qui amène la perturbation dans la sécrétion endocrine, il n'en est pas moins vrai que c'est à cause de la lésion acineuse que cette sécrétion à un moment donné devient insuffisante également car les acini chargés de pourvoir à la création d'îlots nouveaux sont devenus, à un moment donné, incapables d'assurer cette fonction.

Pancréatites chroniques non diabétiques (8 cas)

Bulletin de la Société Anatomique, 1910, Mai

Dans cette présentation ayant trait à des pancréatites observées au cours de cancer de l'estomac, de cancer du foie, de cirrhose hépatique, de tuberculose généralisée, de cancer du duodénum, nous nous sommes efforcé de montrer que les lésions conjonctives et canaliculaires étaient plus récentes que dans les cas de diabète. La grande différence entre les deux types de pancréatite chronique (diabétique et non diabétique) résidait dans l'état des îlots de Langerhans.

Dans les cas non diabétiques, c'est l'évolution de l'acinus vers l'îlot qui prédomine, dans la forme diabétique, comme on a pu le voir, c'est la forme d'évolution de l'îlot vers l'acinus qui prédomine à l'exclusion presque complète de l'autre forme.

TABLE DES MATIÈRES

PANCRÉAS

BIBLIOTHÈQUE NATIONALE IMPRIMÉS R.F.

LILLE. — IMP. LE BIGOT FRÈRES

Diabète pancréatique (forme vasculaire), grossissement 20/1.— Fig. I représente à un faible grossissement la répartition de la sclérose interlobulaire, périvasculaire et parfois péricanaliculaire. Elle montre en outre la sclérose intralobulaire avec

Les 3 foyers, sclérose intralobulaire:
En S P : Sclérose d'origine périphérique.
S C : Sclérose péricanaliculaire.
S V : Sclérose périvasculaire.

L : Lobules.
C L : Cloisons interlobulaires.
E : Œdème.
V : Vaisseaux.
C : Canalicules excréteurs.

Photographie microscopique montrant la localisation périvasculaire et l'infiltration scléreuse d'abord interlobulaire, puis ensuite interacineuse. Sur la gauche de la coupe on voit apparaître les nappes conjonctives graisseuses.

Diabète pancréatique, forme vasculaire

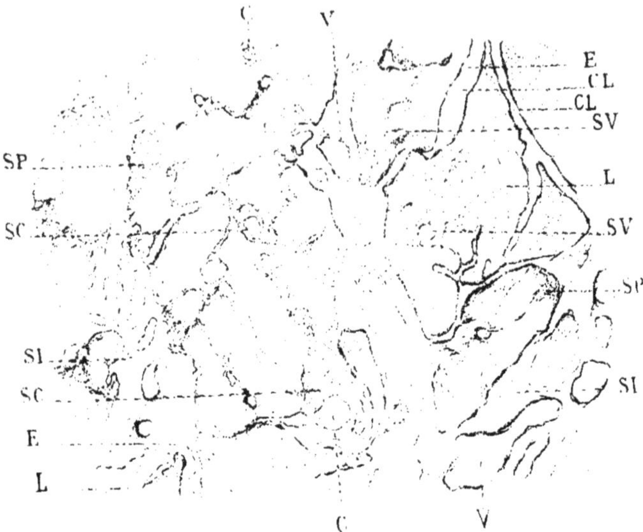

Fig. I. — Répartition de la sclérose.

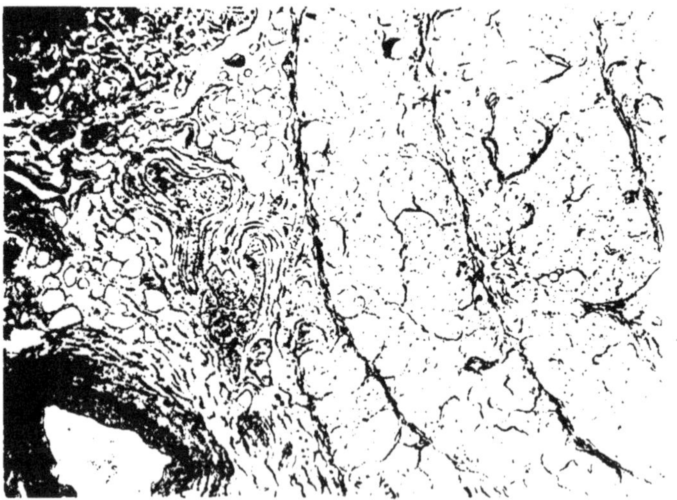

Fig. II. — Étude de la sclérose.

Les Fig. III, IV, V, VI, montrent la segmentation acineuse et sa pénétration par les membranes amorphes et les fibrilles qui s'y développent.

La fig. III représente un acinus A ayant à sa partie supérieure deux cellules d'un acinus voisin, séparées presque totalement l'une de l'autre par deux lames amorphes dans lesquelles se voient des fibrilles. Grossissement : 750/1. Dans l'acinus A : En E, E', E'', E''', sont des éperons membraneux et fibrillaires s'enfonçant dans l'acinus. En V, vaisseaux C, cellules aciniques.

Fig. IV. — Même acinus. Coupe suivante grossissement : 750/1. Aux prolongements E, E', E'', E''', sont venus s'ajouter d'autres éperons E^1, E^2, E^3, qui, allant à la rencontre l'un de l'autre vont morceler presque totalement l'acinus en trois acini secondaires. Les éperons E et E'' s'étant réunis, donnent des aspects monocellulaires.

C : Cellule acinique.

C. A : Cellule centro-acineuse.

V : Vaisseaux.

M : Membrane amorphe présentant des fibres dans son intérieur.

Fig. V. — Même acinus. Coupe suivante. Grossissement : 750/1. Les éperons lamelleux et fibrillaires E se sont en partie fusionnés et dissocient l'acinus en acini secondaires A^2 et A^3 où l'on ne retrouve plus de centro-acineuses.

V : Vaisseaux.

C : Cellule acinique.

Fig. IV. — Même acinus. Coupe suivante. Grossissement : 750/1. Les éperons se sont fusionnés pour former des mailles S contenant une ou deux cellules acineuses C.

V : Vaisseaux

En M, on voit une membrane parcourue par des fibrilles.

A^2 : Acinus secondaire.

Diabète pancréatique

Lésions des acini (Sclérose amorphe dissociante) (forme vasculaire).

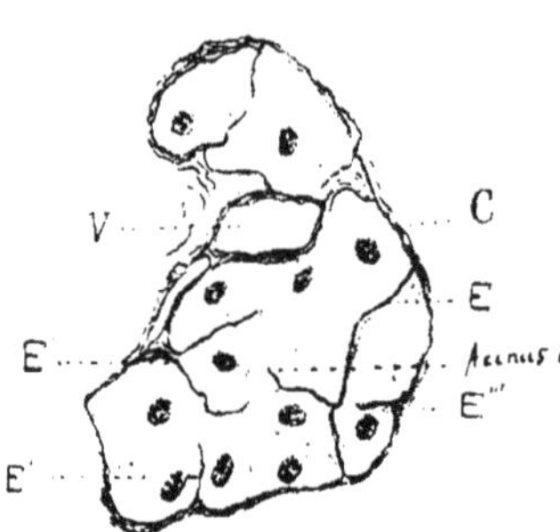

Fig. III. — Gros. : 750/1.

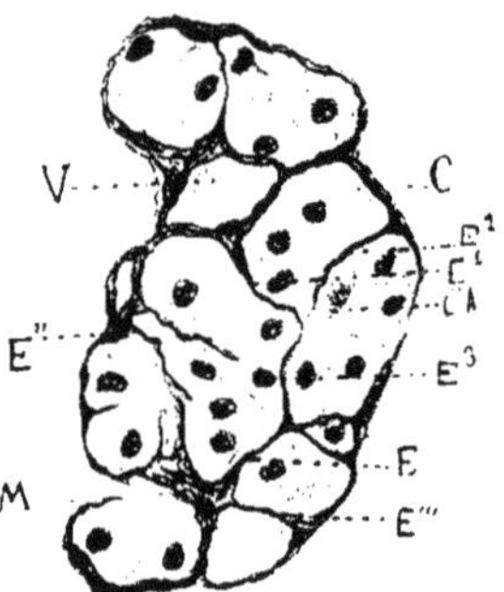

Fig. IV. — Gros. : 750/1.

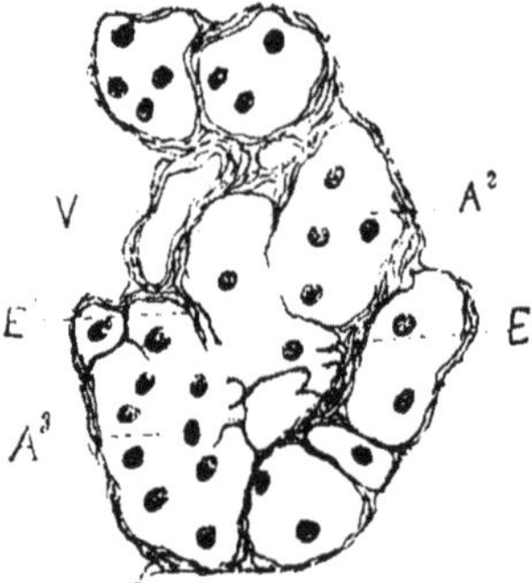

Fig. V. — Gros. : 750/1.

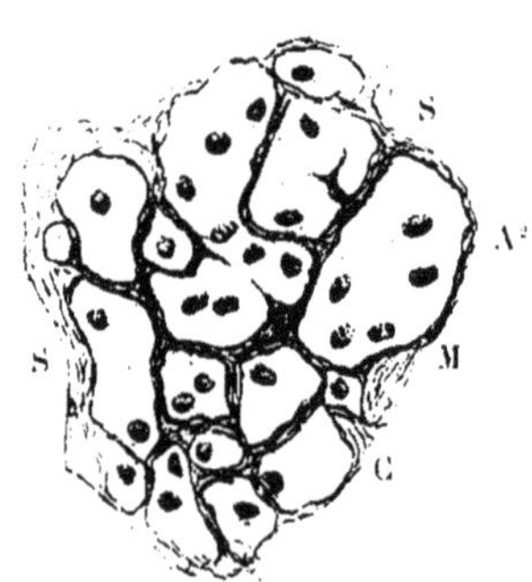

Fig. VI. — Gros. : 750/1.

Coupe d'ensemble prise dans la queue (observat. II) (grossissement : 5 diamètres). Montrant l'envahissement lipomateux et l'atrophie considérable du tissu pancréatique.

P : Reste du parachyme pancréatique.

K : Dilatations kystiques canaliculaires.

S : Travées scléreuses périsvaculaires et péricanaliculaires.

C : Canal excréteur.

V : Vaisseaux.

G : Envahissement graisseux.

Coupe transversale du pancréas ; le canal de Wirsung et ses dépendances sont en voie d'oblitération. A remarquer également la sclérose qui est surtout développée dans la partie droite de la photographie

Pancréatite chronique diabétique

Forme canaliculaire.

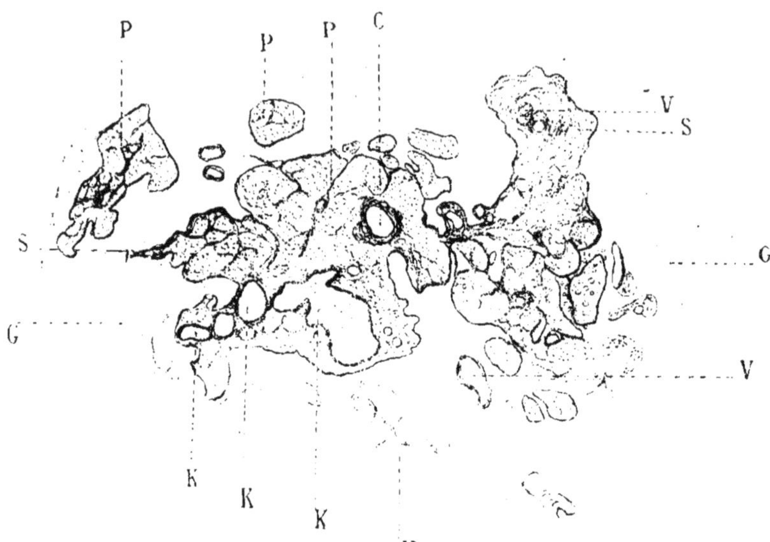

Fig. VII. — Coupe transversale du pancréas

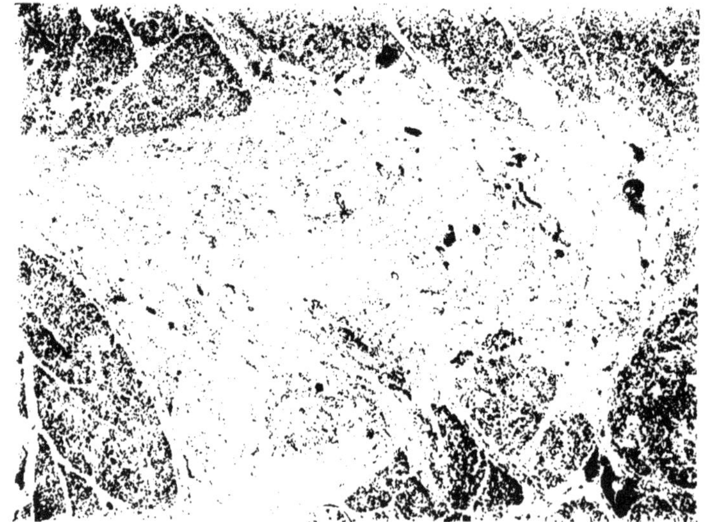

Fig. VIII. — Lésions des canaux.

Canal complètement obstrué reconnaissable encore par la formation concentrique étoilée des fibres conjonctives centrales. Les nappes très colorées représentent des vaisseaux gorgés de sang. Dans le tissu conjonctif existe une série de petites agglomérations cellulaires (îlots de Langerhans) subsistant seuls comme derniers vestiges du parenchyme pancréatique.

Dilatation kystique des canaux pancréatiques et envahissement graisseux du pancréas.

Pancréatite chronique diabétique

Forme canaliculaire.

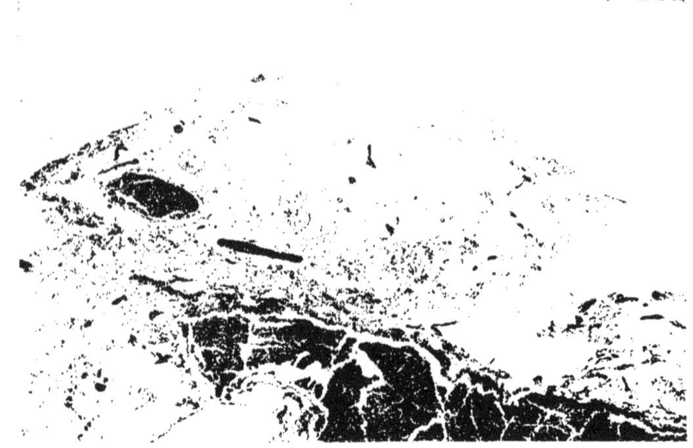

Fig. IX. — Lésions des canaux

Pancréatite diabétique

Forme canaliculaire.

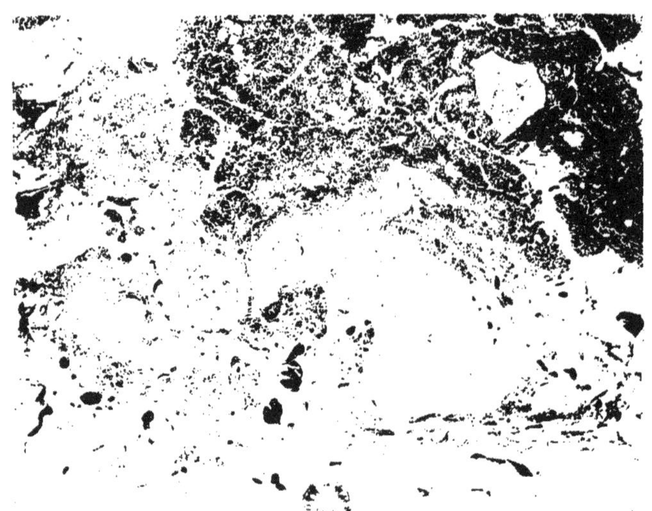

Fig. X. — Lésions des canaux.

Diabète pancréatique

Lésions des îlots de Langerhans.

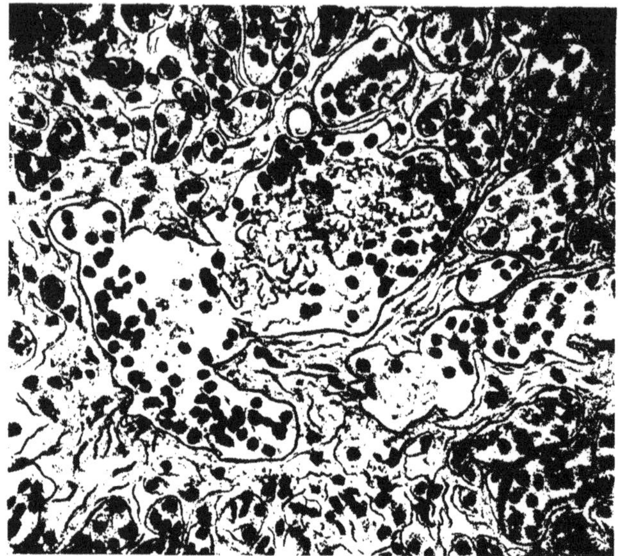

Fig. XI. — Sclérose et dégénérescence épithéliale hyaline.

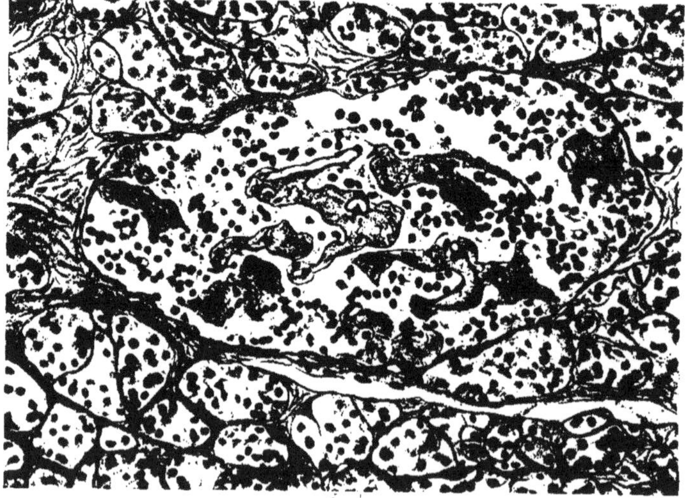

Fig. XII. — Dégénérescence hyaline de l'îlot. Origine conjonctive périvasculaire.

Diabète pancréatique

Lésions des îlots de Langerhans.

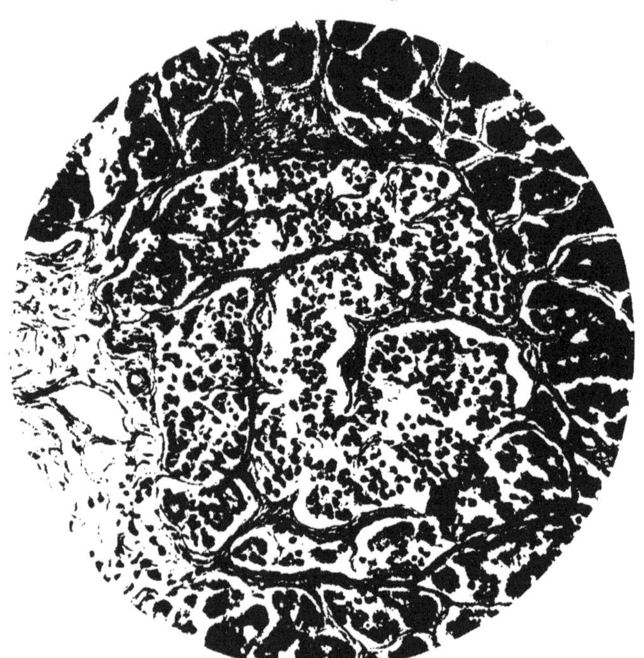

Fig. XIII. — Sclérose insulaire.

Coupe prise région queue (observat. II) fixée à l'acide osmique. Grossissement : 750/1.

Montrant une partie d'ilot de Langerhans atteint de dégénérescence graisseuse

S : Capsule.
E : Cellule épithéliale.
N : Noyaux.
G : Gouttelettes de graisses.
R : Ringformen de Stangl.
V : Vaisseaux avec épaississement hyalin.

Ilots agglomérés de la région queue (observat. II). Grossissement : 100/1.

I : Ilots.
T : Travées conjonctives scléreuses.
V : Vaisseaux.
G : Graisse dissoute.

Diabète pancréatique

Lésions des îlots de Langerhans.

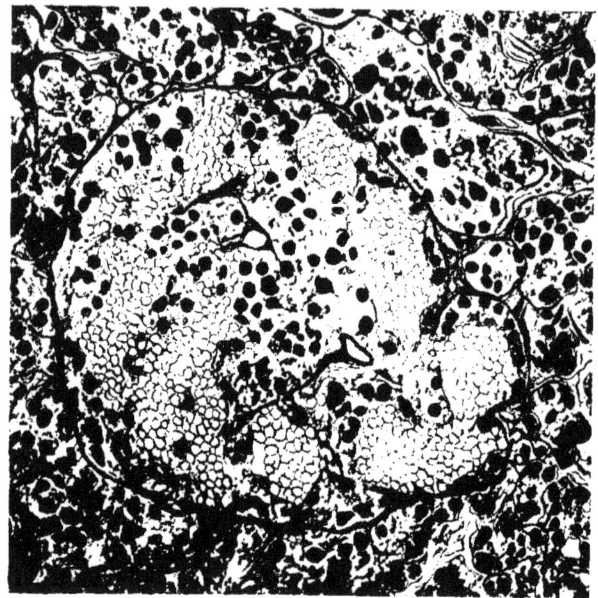

Fig. XIV. — Hémorragie insulaire.

Diabète pancréatique
Lésions des îlots de Langerhans.

Pancréatique diabétique
Forme canaliculaire.

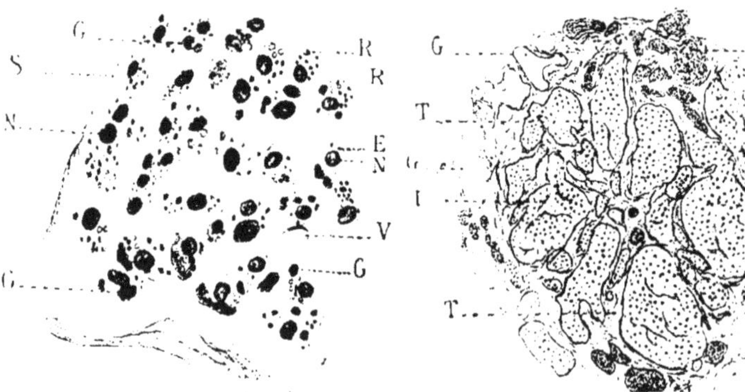

Fig. XV. — Dégénérescence graisseuse des cellules de l'îlot.

Fig. XVI. — Groupements d'îlots en voie de sclérose et de dégénérescence hyaline.

Diabète pancréatique

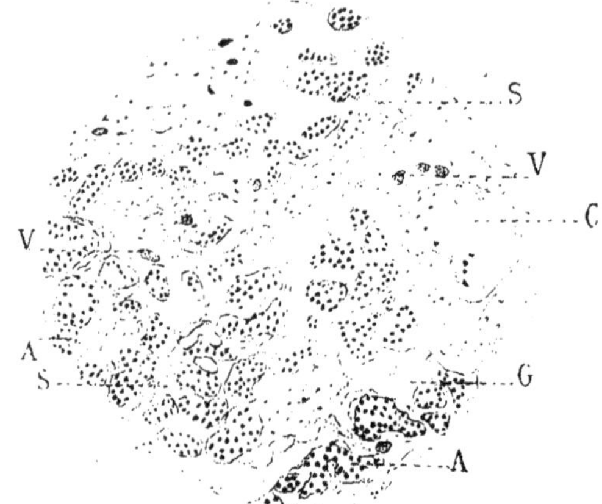

Fig. XVII. — Sclérose interacineuse (forme canaliculaire).

Pancréatite diabétique

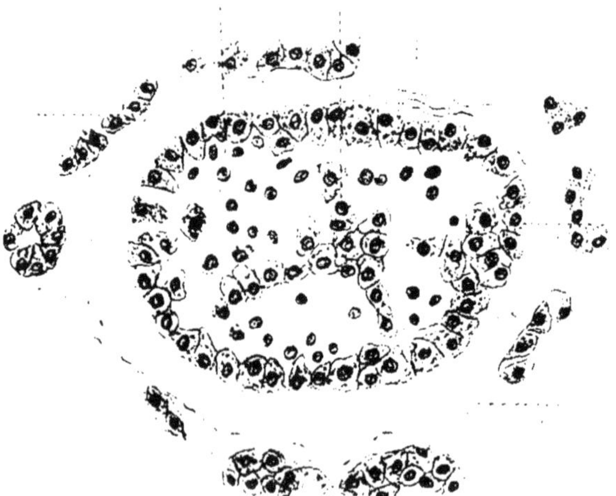

Fig. XVIII. — Forme de transition (insulo-acineuse (schéma).

Forme de transition au debut, type insulo-acineux. On voit encore au centre des cellules claires d'ilot, tandis qu'à la périphérie existe une série de pseudo-acini volumineux, qui sont les stades primordiaux de la forme insulo-acineuse.

Dans ce champ de microscope on peut voir trois formes de transition insulo-acineuse. Deux formes à la partie supérieure, une forme à la partie inférieure. Les deux supérieures montrent même un stade plus avancé que la forme inférieure.

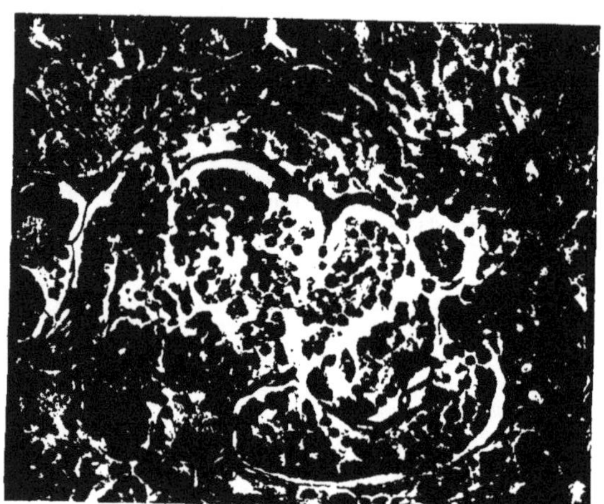

Fig. XIX. — Forme de transition (type insulo-acineuse).

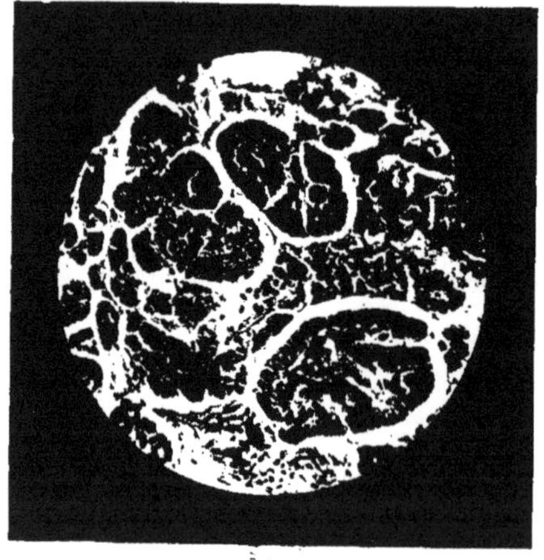

Fig. XX. — Forme de transition (type insulo-acineuse).

Commencement de la forme de transition insulo-acineuse. Toute la partie inférieure est formée de cellules sombres en palissade qui tranchent nettement sur les cellules insulaires. Celles ci occupent encore la région supérieure de l'ilot qui d'ailleurs est scléreux.

Fig. XXII. la forme a conservé son groupement cellulaire compact qui indique encore son origine insulaire et la fait distinguer immédiatement des acini voisins. Toutefois, elle se différencie également des ilots par la coloration sombre des cellules, par leur forme cylindrique à la périphérie et leur manque de répartition péricapillaire. De plus on peut déjà percevoir une tendance au morcellement.

Diabète pancréatique

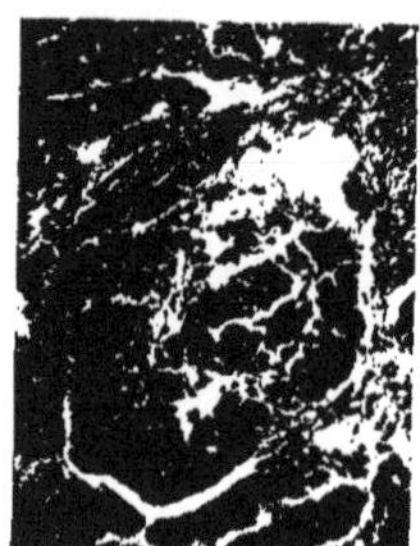

Fig XXI. — Forme de transition insulo-acineuse au début.

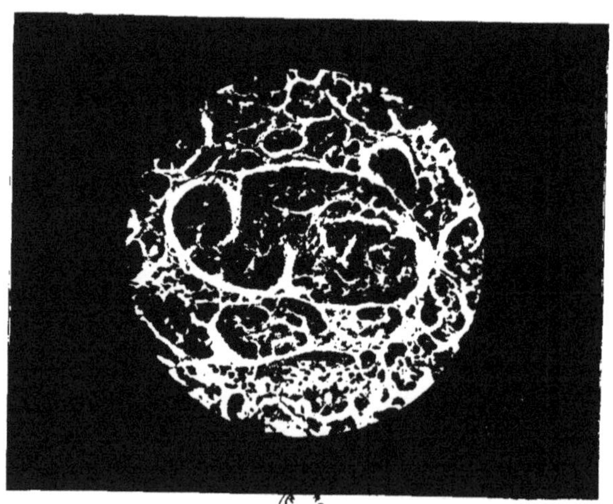

Fig. XXII. — Forme de transition (type insulo-acineuse).

Celui-ci s'accuse dans la Fig. XXIII, reproduisant la coupe suivante. En effet, les formes acineuses deviennent plus évidentes et l'on entrevoit déjà dans quelques groupes, la coloration plus claire des cellules centro-acineuses. Mais en Fig. XXIII, les nouveaux acini sont encore facilement reconnaissables par leurs dimensions plus considérables que celles des acini voisins.

En Fig. XXIV, prise deux coupes plus loin dans la série, ce dernier caractère disparaît ; les subdivisions de plus en plus nombreuses qui de 4 en Fig. XXII, sont maintenant à 10, ont réduit les acini aux volumes normaux et si la disposition en amas encore un peu isolés du reste du parenchyme, et la série de coupes n'étaient pas là pour établir des points de repaire, leur distinction d'avec le parenchyme voisin serait de plus en plus difficile pour ne pas dire impossible.

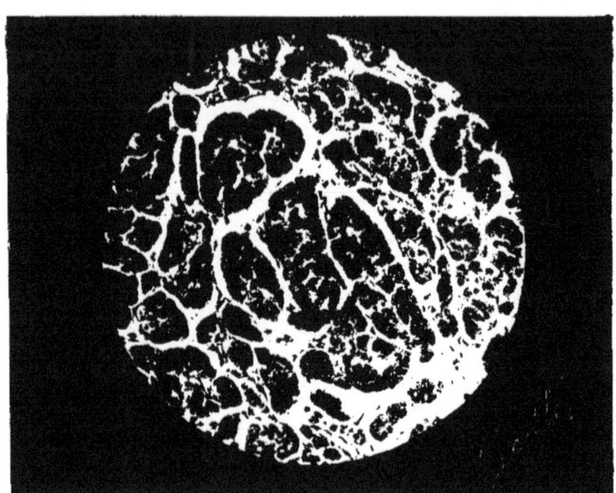

Fig. XXIII. — Forme de transition (type insulo-acineuse).

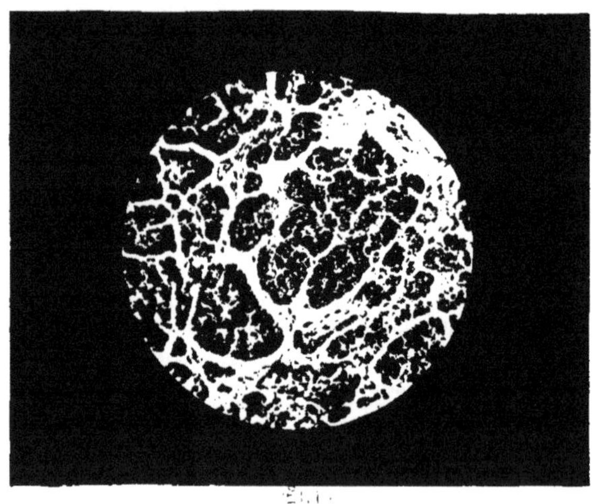

Fig. XXIV. — Forme de transition (type insulo-acineuse).

Forme acino-insulaire (Schema).

E I : Cellules insulaires plus claires.

E A : Cellules acineuses plus sombres, disposées en rangées aciniques.

A : Acini.

V : Vaisseaux capillaires.

M : Gaînes amorphes.

C : Capsule.

Forme acino-insulaire fréquente dans les cas de pancréatite chronique non diabétique, et très rare dans les cas de diabète. On voit quelques culs de sacs acineux plus sombres en continuité intime avec le tissu clair qui est un tissu insulaire. Aucune paroi ne separe plus les deux genres de cellules qui s'engrenent et se fusionnent.

Pancréatite chronique non diabétique

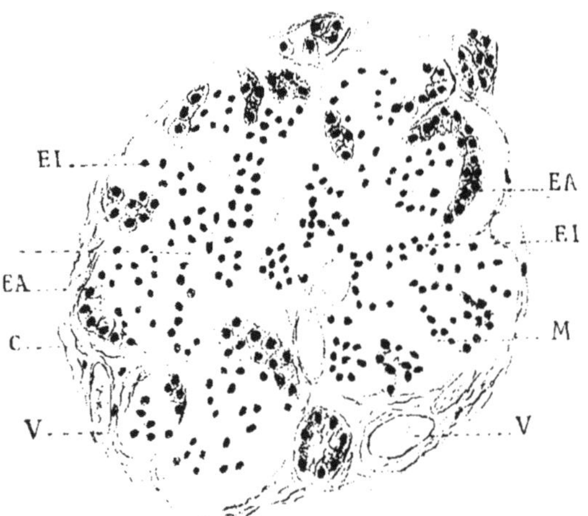

Fig. XXV. — Forme acino-insulaire (schema).

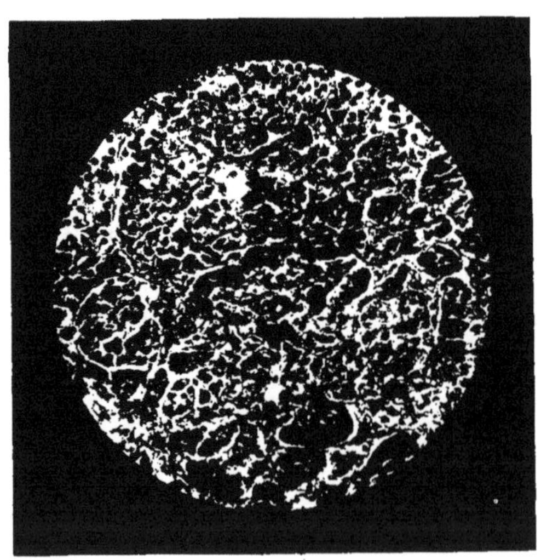

Fig. XXVI. — Forme acino-insulaire.

www.ingramcontent.com/pod-product-compliance
Ingram Content Group UK Ltd.
Pitfield, Milton Keynes, MK11 3LW, UK
UKHW021142260726
13994UKWH00001B/259

9 782329 435916